KB267812

손현

브랜드 및 플랫폼에 맞춤한 다양한 콘텐츠를 다루는
콘텐츠 매니저. 1984년 서울에서 태어나 건축학을
전공했다. 엔지니어링 회사에서 공장을 짓다가 직업을
바꿔 2016년부터 퍼블리, 비미디어컴퍼니(『매거진 B』),
비바리퍼블리카(토스)에서 콘텐츠를 기획하고 글을 지었다.
2024년 독립해서 헤르츠앤컴퍼니를 설립하고 여러 기업의
브랜드 커뮤니케이션을 돕고 있다. 브랜드와 고객 사이의
'주파수'를 맞춰 단정한 이야기를 전하는 데 집중하며,
상업용 부동산부터 보험, 라이프스타일 커머스, 미디어까지
다양한 분야와 협업 중이다.
2021년부터 이메일 서명에 'editor at everywhere, not
every time'이란 문장을 넣었다. 늘은 아니더라도 어디서든
라디오 DJ처럼 꾸준히 이야기하는 삶을 꿈꾼다.
『글쓰기의 쓸모』『아무튼, 테니스』『모터사이클로
유라시아』를 썼고,『요즘 사는 맛』『썬데이 파더스 클럽』
『에디터의 기록법』을 함께 썼다.
인스타그램 @thsgus

경험을 기획하는 일

경험을 기획하는 일

브랜딩에 필요한 콘텐츠를 만든다는 것

손현 지음

콘텐츠를 다룬 지 17년. 현업에서 몸으로 깨달은 게 있다. 글을 잘 쓰고 소셜을 잘 운영하는 것만으로는 부족하다. 비즈니스로 이어지는 감각, 산업을 꿰뚫고 기획부터 유통까지 장악하는 힘이 콘텐츠를 업으로 하는 사람의 진짜 무기다. 그런데 그걸 어떻게 하는지 참 모르겠다. 알려 주는 사람도 없을뿐더러 아는 사람도 많지 않다. 분야마다 콘텐츠의 정의가 다르기에 딱 맞는 책을 찾기 힘든 것도 현실이다. 그런데 그 갈증을 해소할 책이 나왔다. 에디터에서 비즈니스 대표로 나아갈 수 있었던 그 비결, 현 님만의 업계 노하우가 이 책에 고스란히 담겨 있다. 콘텐츠로 먹고살 사람이라면 반드시 읽어야 한다. 다른 사람들은 몰라도 우리 팀원들은 꼭 읽어야만 해!

이승희(그란데클립 CMO,『기록의 쓸모』저자)

'실무에 바로 쓰는 인사이트' 같은 말은 이런 데 써야지. 책을 덮으며 가장 먼저 든 생각이다. 직장인을 위한 콘텐츠를 만드는 내게 남기는 뼈아픈 고백이기도. 현업 깊숙이 들어가 길어 올린 글에는 현장의 풍경이 선연히 드러난다. 하지만 그 속에서 만나는 건 날 선 긴장이 아닌 뜻밖의 친절이다. 경험으로 쌓은 실전 재료를 아낌없이 담은 문장마다 실무자를 향한 속 깊은 배려가 있다. 그래서 이 책은 다정하다. 자신의 업을 치열하게 파고들어 본 사람만이 건넬 수 있는 다정함이다. 그 친절한 안내를 따라 몰랐던 것에 대한 성찰과 알기에 더 깊어지는 위로가 수시로 밀려든다. 내가 가야 할 길을 앞서 개척한 업계 선배의 궤적. 그 정직한 지도를 손에 쥐었다는 사실만으로 다음 걸음을 내디딜 용기가 생긴다.

이주영(리멤버 콘텐츠 매니저)

콘텐츠 업계에서 일을 시작하고 16년 차쯤 되던 해에 롱블랙을 창업했다. 롱블랙 아이디어가 싹트기까지 많은 경험이 필요했지만 그 긴 시간이 가르쳐 준 것이 있다.

읽을 땐 즐겁지만, 만들 땐 고통스럽다. 팔 땐 두렵다. 이 단계를 모두 지나면 비로소 '일'이 된다. 손현 작가는 '지루한 기본기'가 결국 실력의 전부임을 말한다. 조회수라는 그림자만 쫓는 사람은 AI의 파도를 넘을 수 없다. '이 콘텐츠가 왜 필요한가'를 끝까지 붙잡고, 실패조차 자산으로 남길 줄 아는 사람만이 살아남는다. 모든 일이 그렇듯, 좋아한다고 잘하게 되진 않는다. 콘텐츠 업계에서 제대로 성장하고 싶다면, 이 책은 당신의 뿌리를 단단하게 만들어 줄 가장 좋은 지침서다.

김종원(롱블랙 공동창업자)

매번 그가 궁금했다. 걸어 온 궤적만으로도 더 알고 싶은 인물이니까. 건축 설계와 엔지니어, 『모터사이클로 유라시아』와 『아무튼 테니스』, 매거진 에디터와 콘텐츠 매니저 같은 키워드의 조합만으로도 흥미롭지 않은가. 궁금하다. 어쩌다 그는 매번 안전한 울타리를 부수고 자신의 일을 새롭게 정의하려는 것일까. 이 책은 그가 지나온 산업과 직군, 경험과 성과를 넘나들며 업의 지도를 그리고 자신만의 좌표를 찾아가는 여정이다. 읽다 보니 손현과 그의 일을 좀 더 잘 알게 되었으면서도 더 궁금해진다. 이런 핑계로 그와 더 친해지고 싶다.

김명수(『매거진 B』대표)

: 콘텐츠를 모으고 다루고 퍼뜨립니다

형광등이 비추는 회의실. 형광등보다 창백한 화이트보드를 마주 보고 앉아 있다. 내 앞에는 일 잘하기로 소문난, 그러나 가끔 회의하다가 도면을 던질 정도로 성격이 괴팍한 차장이 서 있다.(이런 장면은 드라마에서나 보는 줄 알았다.) 그는 왜 나만 회의실로 불렀을까.

"내가 곧 현장으로 파견을 가게 됐어. 그동안 네게 일을 제대로 가르쳐 주지 못한 것 같아서 미안하다. 대신 건축 엔지니어링의 전체 프로세스를 빠르게 알려 줄게. 중요한 내용이니 잘 들어 봐."

차장이 보드 마커를 들고 쉴 새 없이 뭔가를 적거나 그린다. 기획설계, 계획설계, 기본설계, 실시설계, 공사, 준공, 건축, 기계, 전기, 소방, 토목…… 등의 단어가 나온다. 다행히 혼내려고 부른 건 아닌 모양이다. 차장은 몇몇 단어나 도형을 잇거나 지운다. 한 시간쯤 지났을까? 썼다 지웠다가 반복되며 화이트보드는 잭슨 폴록의 추상화를 닮아 간다.

　현상은 복잡하다. 그 복잡한 걸 쉽고 간단하게, 그러면서 핵심을 놓치지 않고 설명하는 사람일수록 내공이 깊다. 복잡한 걸 복잡하게 전달하면 그 분야의 초심자는 이해조차 못 한다. 차장은 내공이 깊은 사람이다. 그는 그리 어렵게 설명하지 않았다.

　때는 2012년, 정유화학 공장을 짓는 건축 엔지니어로 사회생활을 시작한 지 겨우 1년이 지났을 무렵이라 경황이 없었다. 당시 나는 차장의 강의를 온전히 소화하지 못했다. '이걸 어떻게 정리하지. 차장님이 아까 뭐라고 하셨더라?' 요즘이라면 영상으로 녹화하거나 음성 인식으로 회의록 작성부터 요약까지 뚝딱 해 주는 AI 서비스를 활용했을 텐데. 종이 노트에 허겁지겁 적다가 그마저 포기하고, 그냥 잘 듣기나 하자고 마음먹고 자세를 고쳐 앉았다.

　필기의 문제가 아니었다. 차장이 화이트보드에 적은 일의 맥락과 순서, 작은 덩어리의 일들이 합쳐져 만들어 내는 큰 그림은 아무리 생각해도 나로서는 오랫동안 잘할 자신이 없었다. 한 문장으로 요약하자면, 최적의 철골 구조 설계를 통해 튼튼하고 안전한 정유화학 공장을 지어야 하는데 나는 H빔과 I빔의 차이조차 제대로 구분할 수 없을 만큼 구조 지식이 취약했다.

결국 직장 상사가 후배를 챙기는 것과 별개로, 나는 그 무렵 직업을 바꾸기로 결심했다. 그리고 몇 년 뒤, 첫 회사를 떠나 갭이어를 가지며 전혀 다른 직종과 직무로 뛰어들어 새로운 길을 탐색했다. 공장을 짓는 대신 글, 콘텐츠를 짓는 일. 두 번째 업을 찾는 과정은 처음보다 험난했지만, 회의실에 단둘이 앉아 있던 그때보다는 마음이 편했다.

왜 '콘텐츠 매니저'란 직업이 생겼을까?

다시 깨끗한 화이트보드를 상상해 본다. 이번에는 내 차례다. 스마트폰으로 브랜드를 간접적으로 접하든, 팝업이나 오프라인 행사, 쇼룸에서 직접 마주하든 사람들이 무언가를 경험하는 방식은 점점 다양해지고 있다. 누군가는 그 경험에 이르는 여정을 미리 기획하고, 그에 맞춰 콘텐츠를 모으고 다루고 퍼뜨린다. 그 일을 설명해 보려고 한다. 즉 콘텐츠 매니저의 일이다.

콘텐츠 매니저는 콘텐츠의 시작부터 끝까지 거의

모든 걸 책임지는 사람이다. 콘텐츠 자체가 목적이 될 수도 있지만, 이 책에서는 콘텐츠를 수단 삼아 브랜드 또는 플랫폼 경험을 만들고 전하는 사람, 더 쉽게 말해 광고·브랜딩·마케팅 등을 하는 사람을 가리킨다. 나아가 '기업과 고객 사이에서 스마트폰 화면 너머로 꾸준히 대화를 건네는 사람'이라고 이 업을 설명하고 싶다.

콘텐츠 매니저라면 '스마트폰'이라는 미디어 환경과 그 속에서 사람들이 어떤 경험을 하는지 잘 이해하거나 빠르게 학습해야 하며, 커뮤니케이션 측면에서 '꾸준히 대화'하려면 어떤 전략이 필요한지 자신만의 답을 내놓을 수 있어야 한다.

우리가 스마트폰으로 무심코 접하는 콘텐츠의 뒤에는 대부분 사람이 있다. 그 콘텐츠의 콘셉트를 잡고, 만들거나 가공하고, 어떻게 유통하면 좋을지 치열하게 고민하는 사람들이 바로 콘텐츠 매니저다. 이들은 그 결과물이 당신의 눈과 귀를 통해 궁극적으로 마음까지 닿아 좋은 경험의 씨앗이 되기를 원한다.

기하급수로 발전하는 기술로 인해 몇 년 뒤엔 '스마트폰 화면'이란 표현조차 식상해질지도 모른다. 그럼에도 스마트폰이란 모바일 기기가 콘텐츠 매니저란 직업의 탄생과 확장에 기여한 건 분명한 사실이다. 코로나19 팬데믹 시기를 기점으로 디지털 전환이 더욱 빨라졌고, 확산된 모바일 기기를 중심으로 국내 광고 시장은 소셜 미디어 마케팅, 검색 광고, 모바일 콘텐츠 캠페인 중심으로 재편됐다. 그리고 이런 업무에 유연하게 대응하고자 '콘텐츠 매니저' 직군이 생겨났다.

그동안 콘텐츠 매니저를 적극적으로 원하는 업계는 주로 IT/모바일 기술을 필두로 한 테크 업계였다. 이제는 테크 업계뿐 아니라 패션, F&B, 리빙 등의 라이프스타일부터 물류, 보험, 부동산에 이르기까지 거의 모든 산업군에서 콘텐츠 매니저를 필요로 한다.

체질 변화가 절실한 건 전통적인 광고 회사도 마찬가지다. 한국광고총연합회의 '2025 광고회사 현황조사'에 따르면, 국내 광고 시장은 여전히 상위 3사인 제일기획, 이노션, HSAD에서 전체 물량의 77퍼센트를 점유할 만큼 대기업 쏠림 현상이 두드러지며, 업체 간 부익부 빈익빈이 심각하다. 그러나 동시에 스몰 브랜드의 증가에 발맞춰 이들의 니즈를 겨냥한 20인 미만의 소규모 에이전시, 프리랜서, 소수의 매니저로 구성된 인하우스 팀도 늘어났다. 이 배경에는 한국 특유의 경직된 노동법과 고용 부담, 폭발적인 디지털 전환, 특정 산업군(IT/금융/부동산/리테일)의 수요 폭증과 이를 뒷받침하는 노동력 공급이 자리한다. 오늘날 기업들은 마케팅 영역에서 보다 빠른 속도, 고용의 유연성, 고도의 전문성, 비용 효율성을 요구하는데, 이를 충족하려면 대형 광고사보다 소규모 팀이 더 적합하다.

콘텐츠 매니저는 무슨 일을 할까?

이런 배경 속에서, 나는 2024년 봄에 회사를 떠나 '헤르츠앤컴퍼니'(이하 헤르츠)라는 작은 콘텐츠 에이전시를 시작했다. 초심자의 운이 작용했는지, 2025년 초에는 경쟁 PT를 거쳐 비교적 규모가 큰 프로젝트를 수주하기도 했다. 헤르츠가 경쟁 업체보다 월등히 뛰어난 안을 제시했기 때문이라고 판단하진 않는다. 앞서 언급한 여러 상황과, 대형 대행사를 쓰기엔 상대적으로 적은 고객사의 예산, 그에 맞는 틈새시장 덕분이라고 짐작할 뿐이다. 현재 헤르츠는 프로젝트 매니저, 에디터, 디자이너, 3D 모델러, 포토그래퍼와 비디오그래퍼, 일러스트레이터, 퍼포먼스 마케터 등과 협업 중이다.

아이러니하게도 이 업계에서는 아무도 나를 붙잡고 교육한 적이 없다. 그동안 종이 잡지 에디터와 편집장, 단행본 편집자와 긴밀히 소통하며 일의 기본을 익혔고, 디지털 콘텐츠 플랫폼을 만드는 스타트업 팀원을 비롯해 다양한 산업에서 활동하는 저자들과 협업하며 비즈니스 감각을 배웠다. 커리어 대부분이 사무직 회사원이었기에 직속 상사는 있었지만 이들도 늘 바빴다. 실무를 하면서 피드백을 받고 개선하거나, 나보다 잘하는 사람을 어깨너머로 관찰하며 모방한 뒤 내 방식으로 소화하는 수밖에 없었다. 앞으로도 꾸준히 이 일을 잘해 나가려면 나에게도 한번쯤은 이 일의 전체 프로세스를 그려 볼 필요가 있고 이 작업이 나와 유사한 방식으로 일을 익혀 온 동료에게도 유익할 거라는 생각이 들었다. 그런데 그 차장처럼 화이트보드 한 판에 일필휘지로 설명할 깜냥이 되지 않아, 내가 아는 바를 책으로 쓰게 됐다.

본문은 크게 세 부분으로 나뉜다. 첫째, 콘텐츠 매니저가 되고 싶은 사람이 꼭 알아야 할 내용을 담았다. 콘텐츠 매니저의 채용 공고를 한 번이라도 접해 봤다면, 이 직업이 제법 광범위한 역량을 요구한다는 사실을 실감했을 것이다. 콘텐츠 매니저는 구체적으로 어떤 일을 할까. 채용 면접에 참여했던 경험을 토대로, 지원자들의 이력서와 포트폴리오를 검토하며 느낀 점과 내 사례를 언급했다. 구직자의 눈높이에서 썼지만 채용 담당자에게도 도움이 되길 바란다.

둘째, 이 일을 더 잘하기 위해 필요한 내용을 다뤘다. 내가 생각하는 콘텐츠 매니저의 핵심 역량은 '기획, 빠른 학습, 글쓰기를 기반으로 한 커뮤니케이션'이다. 더불어 자신이 속한 곳의 산업과 사업을 이해해야 한다. 수년 전만 해도 콘텐츠 매니저란 직무는 흔하지 않았다. 이제는 스타트업부터 대기업까지 다양한 규모의 기업에서 콘텐츠 관련 채용 공고를 쉽게 접할 수 있다. 직무명에 '콘텐츠'가 들어가지 않더라도 글쓰기, 기획, 소셜 미디어 운영 등 콘텐츠 역량을 요구하는 경우도 늘었다. 그 흐름의 중심에는 플랫폼 비즈니스의 성장과 미디어 환경의 변화가 있다. 콘텐츠 매니저의 성과도 두 요소와 밀접한 연관이 있다. 단순히 글을 잘 쓰거나 높은 퀄리티의 콘텐츠를 만든다고 끝이 아니다. 자신의 성과를 데이터 기반으로 설득할 수 있어야 한다.

셋째, 이 일을 오래, 현명하게 하기 위한 태도와 방법을 적었다. 주관적이고 개인적인 내용일 수 있다. 하지만 단순히 일을 잘하는 걸 넘어 지속 가능한 방식으로 오래도록 건강하게 일하는 건 중요하다. 제 아무리 좋아하는 걸 업으로 삼는다 해도 지칠 수 있기 때문이다. 내 경우, 시행착오를 겪으며 겨우 찾은 길이라 물러설 곳도 없다. 이 일의 한계와 불확실성, 현명하게 협업하는 방법, 진솔한 피드백의 중요성, 직업인으로서의 모호한 포지션을 말하고자 한다.

저자로서 두려운 결말은 책을 끝까지 읽었는데도 콘텐츠 매니저의 일이 여전히 추상화처럼 남는 상황이다. 이 일은 회사와 개인의 상황과 역량에 따라 업무 범위가 종종 변한다. 실제로 이 책을 쓰는 동안 내가 회사를 떠나게 될 줄도, 다시 회사를 차릴 줄도 몰랐다. 헤르츠를 운영하다 보니, 콘텐츠를 중심으로 하는 업무가 점점 전통적인 광고 대행사, 디지털 마케팅 에이전시의 일과 비슷해지거나 경계가 모호해진다는 느낌도 받는다. 그런데 막상 그런 곳에서 일해 본 경험은 없다. 그쪽 업계의 본질이나 맥락도 잘 모른다. 내 입장에서도 학습이 필요한 영역이다. 만약 추상화처럼 남는 부분이 있다면 그건 내 지식과 경험의 부족 때문이다.

콘텐츠는 과학의 영역이 아니다. 정확성, 경제성,

안정성을 우선시하는 엔지니어링처럼 공식이나 정답이 있지도 않다. 내 이야기가 꼭 정답은 아니므로 다른 의견이 있다면 언제나 환영이다.

현재 내 업무와 같거나 비슷한 일을 하고 싶은 예비 콘텐츠 매니저, 다른 사람이 일하는 방식이 궁금한 현역 콘텐츠 매니저, 콘텐츠 매니저와 함께 일해야 하는 협업자, 자신이 하는 사업을 더 잘하기 위해 어떤 형태로든 콘텐츠가 필요하다고 느끼는 비즈니스 오너, 그 밖에도 이 직업 세계가 궁금한 모든 이의 손에 이 책이 전해지길 바란다.

마지막으로, 이 책이 14년 전 회의실에 앉아 있던 나에게도 의미가 있기를 바란다. 돌이켜 보면 나는 확신이 없어 끙끙댔다. 속앓이가 심해지니 다른 길에 대한 정보가 간절하고 절박했다. 그때의 나와 비슷한 처지에 있는 누군가라면, 이 책을 읽으며 용기를 내 보면 좋겠다. 다른 길은 있어도 틀린 길은 없다. 조금 더 빨리 도전하고 실패를 경험할수록 자신의 미래가 또렷해질 것이다.

일의 바탕

― 직무와 진입

1

직무 분석하기

: 채용 공고로 살펴보는

콘텐츠 매니저의 일

직업은 시대를 반영한다

낯선 사람을 만났는데 세 가지 질문만 던질 수 있다면? 상황에 따라 질문 순서는 다를지언정 "무슨 일 하세요"라는 질문이 포함될 확률이 높다. 우리는 어떤 형태로든 일을 하며 살고, 아직 이름이 붙지 않은 직업이라도 그 일은 그 사람에 대한 많은 정보를 포함한다.

어떤 직업은 고유한 라이프스타일을 갖기도 한다. 종합병원 의사, 편의점 점원, 도서관 사서처럼 활동 장소가 명확한 직업이 있는가 하면, 소속한 매체의 발행 주기에 맞춰 무조건 결과물을 내야 하는 기자나 에디터처럼 장소보다는 제한된 시간이 일에 큰 영향을 미치는 직업도 있다.

5~6년 전까지 내 직업을 '에디터'로 소개해 왔다. 그러면 더 설명할 필요도 없이 상대가 고개를 끄덕이며 무언의 말을 건네는 게 느껴졌다. '힘들겠어요.' 내가 에

디터로 참여한 영역을 단순하게 나누면 단행본과 월간지인데, 마감이 일정하든 일정하지 않든 그 나름의 이유로 힘들었다. 어쩌다 단행본과 월간지 마감이 동시에 돌아가면 정말 정말 힘들었다. 대신 그 시기를 견디면 해방감과 더불어 결과물이 눈앞에 보이니 일하는 보람이 컸다. 이때 스트레스는 일 자체나 사람 때문이라기보다는 상황 탓이었다. 가족도 나도 뒷전인 채 정해진 마감이 모든 걸 우선하는 상황. 마감이 주는 압박과 해방, 그 채찍과 당근에 길들여진 '마감 노동자'가 되고 나니 그 사이클에서 빠져나오기가 쉽지 않았다.

지금의 내 일은 '콘텐츠 매니저'로 불린다. 처음부터 콘텐츠 매니저는 아니었다. 가장 마지막에 근무했던 직장은 에디터 채용 공고를 보고 입사했고, 처음 받은 명함에도 에디터로 적혀 있었다. 딱 1주일 먼저 합류한 동료 역시 전 직장에서 에디터로 일했다.

입사 초기, 팀 회의 때 직무명을 바꾸면 어떻겠냐는 이야기가 나왔다. 다양한 직군과 협업하는 상황에서 다른 팀원들이 우리가 하는 일을 윤문, 교정교열 등 문장 편집 수준으로 좁게 인지하고 있다는 게 이유였다. 하긴 에디터의 정의 가운데 "단어 또는 그림 등의 데이터를 만들고 변경하는 데 사용되는 컴퓨터 프로그램"도 있긴 하다. 말 그대로 편집기.

내 반응은 뜨뜻미지근했다. 직무명을 바꾸자고? 굳이 왜? 각자 맡은 일만 잘하면 되는 거 아닌가? 에디터로 몇 년을 힘들게 일하며 겨우 그 이름을 붙잡았다고 생각했기에 미련이 남았다. 당시 팀장의 반응도 미적지근했는데, 이유는 달랐다. 현재 직무를 지칭하면서 '에디터'를 대신할 마땅한 이름이 떠오르지 않으니 명확한 커뮤니케이션을 위해 기존 이름을 유지하되, 다른 회사들은 어떤지 사례를 찾아보자는 쪽으로 일단락 지었다.

다시 몇 주 뒤. 이번에는 팀장과 나를 비롯한 팀원 모두가 만장일치로 직무명을 바꾸기로 했다. 두 가지 이유에서 꼭 바꿔야 했다.

첫째, 포지셔닝 측면에서 지금의 일을 더 나은 방향으로 이끈다. 잭 트라우트와 알 리스가 지은 『포지셔닝』에 따르면, 포지셔닝은 색다른 뭔가를 만들어 내는 식으로 접근하는 것이 아니라 "이미 마인드에 들어 있는 내용을 조작하고, 기존의 연결 고리를 다시 엮는 것"[1]이다. 콘텐츠 매니저가 되었다고 해서 에디터가 하던 일과 완전히 다른 일을 하는 건 아니다. 콘텐츠 매니저가 되어야만 색다른 뭔가를 만드는 것도 아니다.

하지만 이름을 바꿈으로써 우리는 뭔가를 편집하는 '기능'보다 콘텐츠라는 '대상'과 콘텐츠를 통해 달성하려는 '목적'에 집중할 수 있게 됐다. 협업을 요청하는 다른 부서 역시 단순히 문장을 고쳐 달라고 하기보다 기획 단계부터 조언을 구하거나 어떤 콘텐츠가 적합할지 함께 고민하자는 경우가 늘어났다.

둘째, 팀에 꼭 필요한 동료를 채용하는 데 유리하다. 그동안 에디터 포지션으로 채용할 때는 매체 경험이나 에디터로서의 역량에 집중할 수밖에 없었다. 그러나 팀원 개개인의 업무 범위와 성격은 이미 변화하고 있다. 팀의 규모와 역할이 확장되면서 에디터뿐 아니라 모바일 서비스 기획, 소셜 미디어 운영, 콘텐츠 마케팅 등의 경험을 지닌 사람들이 필요해졌다. 콘텐츠 매니저로 이름을 바꿔 채용을 시작한 뒤로는 일간지 기자뿐 아니라 온라인 플랫폼, 콘텐츠 서비스, 종이책 출판 등 보다 넓은 영역에서 이력서가 들어오기 시작했고, 서서히 퍼즐 조각의 빈자리를 맞출 수 있었다.

콘텐츠 매니저의 채용 공고

채용 사이트에서 '콘텐츠' 키워드로 검색하면 다양한 직무가 뜬다. 콘텐츠 매니저, 콘텐츠 크리에이터, 콘텐츠 마케터, 콘텐츠 PD, 콘텐츠 오퍼레이션 매니저…… 심지어 콘텐츠 코디네이터라 불리는 포지션도 있다.

이중 콘텐츠 매니저의 채용 공고를 살펴보자. 국내외 몇몇 회사의 공고 중 일부를 발췌했다. 직군은 커머스, 금융 서비스, 채용, 인적 자원 개발 등 다양하다.

먼저 이 역할에 대한 전반적인 설명이다. 콘텐츠 매니저가 속한 팀과 회사의 방향을 함께 소개하면 보다 넓은 시야에서 포지션을 파악할 수 있다.

A사

우리는 경험이 풍부하며, 스스로 동기부여할 줄 아는 콘텐츠 제작자를 찾고 있습니다. 동시에 금융 서비스 산업에 관한 지식이 풍부하며, 훌륭한 커뮤니케이션 능력과 대인 관계 기술의 균형을 갖춘 사람이길 원합니다. (……) 이 자리는 아시아 지역을 담당하는 글로벌 팀의 일부로서, 해당 지역의 비즈니스 성장에 집중하고 있습니다.

우리 팀의 콘텐츠 제작자는 콘텐츠 전략, 제작과 유통을 수행하며 마케팅, 세일즈, 사업 개발, 솔루션 아키텍트 등의 팀과 직접적으로 일하며 (……) 자사 서비스 고객의 목표와 애로 사항을 이해하고, 대내외 관계자를 위한 기사, 프레젠테이션, 웹사이트, 블로그 게시물 및 비디오 등의 콘텐츠를 만듭니다.

또한 콘텐츠를 만들기 위해 자사 서비스의 고객 및 파트너와 직접 교류할 수 있으며, 이를 통해 그들이 우리 서비스를 어떻게 사용하고 있는지 내러티브를 개발할 수 있습니다. 이러한 자산을 효과적으로 사용하고 고객에게 제공하기 위해 다른 지역의 마케팅, 영업 및 비즈니스 개발 담당자에 대한 지원 및 교육도 해야 합니다.

B사

우리의 경쟁 우위는 콘텐츠에 있습니다. 회사의 미션을 달성하기 위한 콘텐츠 경험을 사용자에게 제공하는 것이 콘텐츠 팀의 미션입니다. (……) 콘텐츠 매니저는 자사의 서비스 내 콘텐츠 소비 경험 전반에 강한 임팩트를 줄 수 있는 다양한 콘텐츠가 담기고 확산될 수 있도록 발굴·관리하며 콘텐츠 전반을 관리합니다.

C사

자사의 콘텐츠 매니저는 회사의 미션과 연결하여 신뢰할 수 있는 콘텐츠를 기획하고 제작합니다. 콘텐츠 매니저는 콘텐츠솔루션 팀의 일원으로, 고객의 문제를 해결할 수 있는 솔루션의 하나로 콘텐츠를 잘 활용할 수 있는 사람입니다. 우리 고객이 어떤 문제를 가지고 있는지 깊이 이해할 수 있어야 하고, 고객의 문제를 콘텐츠로 해결하기 위해 무엇을 어떻게 만들 수 있을지를 창의적으로 생각할 수 있는 능력이 중요합니다. 더불어 내부의 리소스뿐 아니라 외부의 다양한 미디어 플랫폼 및 파트너(저자, 에디터, PD 등)와 긴밀히 협업하면서 콘텐츠를 만들 수 있어야 합니다.

콘텐츠 매니저의 주요 업무는 다음과 같다.

A사

한국에서 자사 서비스를 보다 많이 쓸 수 있도록 도움이 되는 매력적인 콘텐츠를 만드는 데 필요한, 강력한 대내외 관계를 신속하게 구축하는 것입니다. 이 역할의 성공 여부는 영업 자료를 처음부터 구축하고, 강력한 내부 커뮤니케이션 계획을 수립하며, 자료를 효과적으로 배포하고, 콘텐츠 캠페인의 성과를 측정하는 능력에 달려 있습니다.

B사

콘텐츠와 연관된 서비스 성장에 기여할 수 있는 주요 과제를 발굴합니다. 그 과제를 담당해 이전에 없던 탁월한 콘텐츠 경험을 제공하고, 담당 과제의 성과를 분석해 시사점을 도출하고 후속 조치를 추진합니다.

C사

고객에게 필요한 다양한 지식콘텐츠 기획부터 발행까지 담당합니다. 그리고 우리의 제품, 사업, 일하는 방식을 고객 및 미래의 동료가 이해할 수 있도록 콘텐츠를 제작하고 자체 미디어(블로그, 뉴스레터 등)를 통해 공유합니다.

D사

사진, 비디오 및 GIF의 형태로 매일 업로드하는 콘텐츠를 세심하게 조직orchestrate합니다. 콘텐츠는 주로 소셜 미디어 채널을 통해 유통하지만, 자사 웹사이트와 다른 디지털 자산에도 해당합니다.

세부 업무는 산업이나 회사마다 차이가 크다.

A사

- 사업 개발, 영업, 엔지니어링, 컴플라이언스, 보안 및 마케팅 부서의 직원들과 협력하여 금융 서비스 산업, 특히 한국에

서 자사 서비스를 도입하는 데 도움이 되는 콘텐츠를 개발합
니다.

- 팀 리더들과 협력하여 한국의 고객사 및 잠재 고객의 목록을
관리하고 확장합니다.

- 자사의 금융 서비스와 관련된 사용 사례에 대한 대내외 인식
을 높입니다.

- 마케팅 부서와 협력하여 웹사이트, 이메일 캠페인, 블로그,
백서 및 웹세미나와 같은 외부 커뮤니케이션 채널을 유지 및
개선하고 주요 이벤트에 대한 의제 및 콘텐츠 제작을 지원합
니다.

- 고객과 직접 소통하여 고객 사례 연구를 콘텐츠로 제작하고
발행합니다.

- 주요 성과의 달성률을 지속적으로 측정하고 설계하고 관리
합니다.

D사

- 편집, 사진 촬영 및 캠페인을 위한 이미지, 비디오, 비하인드
영상 및 기타 지원 자료의 콘셉트를 만듭니다.

- 주로 제품 출시, 브랜드 파트너십, 오프라인 이벤트, 인플루
언서 마케팅에 필요한 콘텐츠를 만들지만, 그 외에도 콘텐츠
가 필요한 다양한 영역을 다뤄야 합니다.

- 내부 팀(이커머스, 마케팅, 리테일, 채용 등)과 협력해 제품,

편집 및 캠페인 요구 사항을 파악하고 가치를 추가할 수 있는 지점을 파악합니다.

- 모든 브랜드 부서의 콘텐츠 발행 일정을 관리하고 콘텐츠 코디네이터, 비디오 제작자 등이 마감일을 준수하고 양질의 작업을 수행할 수 있도록 합니다.
- 블로그, 인스타그램, 유튜브 등 모든 채널에서 자산을 전략적으로 사용하여 자사의 브랜드와 서비스에 대한 응집력을 유지하도록 합니다.
- 새로운 크리에이티브 동향과 인사이트를 파악하고, 이를 자사 콘텐츠 및 소셜 미디어 채널에서 활용할 수 있는 아이디어를 제시합니다.
- 창의적 방향을 취하고, 협업하며, 피드백을 작업에 통합하는 데 탁월해야 합니다.
- 우리가 지향하는 품질, 가치, 고유성을 준수하고 있는지 콘텐츠 전반을 교정, 편집 및 검토합니다.
- 팀과 함께 동향, 모범 사례 및 지속적으로 콘텐츠 품질을 개선하는 방법에 대해 전략을 수립합니다.
- 인플루언서나 모델과 계약을 체결할 때, 법무 팀과 협력합니다.

또한 각 회사는 콘텐츠 매니저라면 학위나 언어 능

력 등을 제외하고 이 정도 자격을 갖춰야 한다고 명시한다.

A사

- 커뮤니케이션/콘텐츠 매니지먼트 관련 경력 4~6년
- 고도로 기술적인 환경 또는 관련 산업에서 일한 경험
- 우수한 글쓰기 및 편집 기술
- 그래픽 디자인에 대한 탁월한 감각 및 디테일을 감지하는 능력

B사

- 최소 N년 이상의 디지털 콘텐츠/뉴미디어 관련 직무 경험
- 온라인 서비스/플랫폼에서 일하며 인하우스 콘텐츠를 담당해 본 경험
- 사용자의 반응을 크게 이끌어 낸 콘텐츠를 직접 기획하고 제작해 본 성공 경험
- 콘텐츠 기획/제작을 넘어 사용자의 니즈/문제를 해소하고자 콘텐츠 기반의 종합적인 해결책을 제공해 본 경험
- 서비스 내외부의 정성/정량 데이터를 객관적으로 분석하고 논리적으로 소통해 이해 관계자를 설득해 본 경험
- 주요 프로젝트를 담당해 협업을 주도하고 일정을 관리하여 높은 수준의 프로젝트 결과물을 만든 경험

- 충분한 소통과 설득을 통해 실행에 필요한 의사결정과 협업을 이끌어 내는 역량

D사

- 사진, 비디오 촬영 및 사진/비디오 편집 관련 경력 4~6년
- 팀 매니지먼트 경력 1~2년
- 패션/모델 및 제품 사진에 대한 예리한 안목. 리테일 패션 또는 이커머스 경력자 우대
- 인스타그램, 트위터(현 X), 틱톡, 유튜브 등 소셜 미디어 및 플랫폼에 대한 높은 이해도
- 동시 진행되는 프로젝트와 촉박한 마감 시간을 관리할 수 있는 기술
- 빠른 속도의 업무 환경에서 작업할 수 있는 입증된 능력과 여행(출장)에 대한 의지
- 탁월한 자기 동기 부여, 조직화 및 탁월한 멀티태스킹 기능
- 패션 분야 관련 경력 선호

C사

- 회사가 해결하려는 문제에 깊이 공감
- 콘텐츠 기획/제작 관련 프로페셔널로서 2년 이상 일한 경험
- 전문적인 글쓰기 스킬을 바탕으로 다양한 콘텐츠 포맷을 활

용한 콘텐츠 제작 경험

- 논리적으로 생각하고 소통하는 능력
- 회사 안팎의 다양한 사람과 정확하고 사려 깊게 협업할 수 있는 능력

회사마다 선호하는 조건도 있다. 소속한 산업에 관심과 이해도가 높고, 비슷한 배경에서 일한 경험이 있다면 채용에 유리하다.

A사

- 기대 이상의 강한 열망에 기초한 직업윤리, 매우 빠르게 진행되는 결과 지향적 환경에서의 성공 경험, 실무 경험
- 커뮤니케이션/콘텐츠 매니지먼트 캠페인의 성공을 측정하기 위한 자동화 지표 생성 경험
- 클라우드 컴퓨팅 서비스/배포 아키텍처에 대한 이해
- 영상 편집 및 제작 유경험자

B사

- 레거시 혹은 디지털미디어(뉴미디어)나 크리에이터와의 협업 경험 및 네트워크가 풍부한 분
- 인테리어 및 리빙/라이프스타일 관련 직무 경험이 있고 그에

대한 관심사와 선호를 가진 분

- 급격하게 성장하는 스타트업에서 일해 본 경험이 있고 그러한 환경에서 훌륭한 성과를 거둔 경험이 있는 분

C사

- 풍부한 미디어 리터러시 역량
- 불확실성과 변화에 유연한 태도
- 기타 우대 사항: 영상, 카드뉴스 등 멀티미디어 제작 경험

여러 직군의 채용 공고를 나열했을 뿐인데도 숨이 턱 막힌다. 이 요건을 다 충족하는 사람이 있을까? 정리한 나조차 고개를 갸웃거리게 된다.

미리 겁먹을 필요는 없다. 모든 조건을 동시에 충족한다면 더할 나위 없겠지만, 채용 공고는 기업이 바라는 이상향에 가깝다. 콘텐츠 매니저가 되고자 한다면 일부 조건이라도 확실히 갖추고자 노력하는 편이 현실적이다. 다만 그 조건에서만큼은 월등히 뛰어나야 다른 경쟁자보다 확실하게 우위에 설 수 있다.

콘텐츠 매니저가 왜 필요해졌을까?

콘텐츠 매니저는 새로 등장한 직무인 만큼 업무 범위가 모호한 게 사실이다. 회사마다 하는 일이 다를 수 있다. 언젠가 동료가 고민을 토로했다. "요즘 현타가 와요." "왜요?" "콘텐츠 매니저가 이런 일까지 하는 게 맞나요?" "흠, 글쎄요." 콘텐츠 매니저의 일에 관해 블로그를 검색해 보면, '하다 하다 이런 것까지 내가 해야 한다고?'란 언급도 있다.

그렇다면 이 직업은 도대체 무슨 일을 하는 걸까. 앞서 나열한 채용 공고와 내 경험을 종합하면 이렇게 정리할 수 있다.

어떤 목적을 위해 다양한 이해 관계자와 협업하여 콘텐츠의 전략, 제작, 유통을 책임지는 사람

여기서 목적은 '조직의 목표 달성'과 '서비스/브랜드의 성장'으로 나뉜다. 즉 콘텐츠 매니저는 조직이 추구하는 가치나 브랜드 스토리를 알려 인재 영입이나 판매를 지원하기도 하고, 매력적인 콘텐츠를 만들어 고객이 자사 서비스를 보다 많이 쓰게끔 유도하기도 한다.

콘텐츠를 만드는 모든 과정을 혼자 해내기는 어렵다. 사진이나 이미지, 영상 등 시각 요소가 중요하므로 글 쓰는 사람 말고도 시각 요소를 만드는 사람 또는 디자이너와의 협업이 필수다. 소셜 미디어나 외부 플랫폼이 아닌 자체 홈페이지나 웹 블로그에 콘텐츠를 유통하려면 엔지니어의 도움이 필요할 수도 있다. 이렇게 만든 콘텐츠는 기본적으로 높은 신뢰도를 갖추어야 한다. 개인이 창작한 콘텐츠와 달리 콘텐츠 매니저가 다루는 결과물 하나하나는 소속된 조직을 간접적으로 대표하기 때문이다.

앞에서 콘텐츠 매니저를 '스마트폰 화면 너머로 꾸준히 대화를 건네는 사람'으로 표현했다. 대화에는 세 가지 유형이 있다. 첫째, 상대와 관계없이 내 이야기만 하는 경우. 둘째, 상대의 이야기를 듣되 결국 내 이야기로 돌아오는 경우. 셋째, 상대의 이야기를 듣고 함께 이야기를 만들어 가는 경우다. 세 번째를 이상적인 대화로 꼽는데, 그만큼 어렵다. 나와 남이 마주하여 이야기를 주고받으려면, 일단 나부터 정신을 차려야 하고 상대 역시 나 못지않은 인내심과 순발력, 호기심을 갖춰야 한다. 서로의 이야기를 듣고 주고받을 수 있어야 깊은 대화가 이어지며, 나아가 어떤 목적을 이루는 데도 효과적이다.

우리는 커뮤니케이션 과잉 시대에 살고 있다. 특히 광고를 비롯한 기업의 커뮤니케이션은 이전까지 일방향인 경우가 많았다. 대화의 유형 중 첫째 또는 둘째에 해당한다. 이제는 많은 기업이 대중이 아닌 개인 한 명, 한 명과 대화해야 하는 시대로 변했다. 지난 10여 년간 매스미디어에 집행된 광고비 지출은 줄어든 반면, 개개인이 쥐고 있는 모바일 디바이스 화면을 겨냥한 광고비 규모는 훨씬 늘어났다는 사실만 보아도 분명하다.

기업은 자사의 제품이나 서비스를 직접 팔거나 긍정적인 이미지를 팔아야 살아남는다. 더 이상 전과 같은 광고 전략이 먹히지 않는다면 다른 방법을 써야 한다. 그 역할을 맡는 여러 직업 중 하나가 콘텐츠 매니저다.

그래서 나는 콘텐츠 매니저가 하는 일의 기본 목적을 '커뮤니케이션'으로 정의한다. 그 도구로서 콘텐츠를 다루기 때문에 콘텐츠 매니저로 불릴 뿐이다. 양질의 콘텐츠는 대화를 시작하는 좋은 방법인 동시에, 비용 효율성도 갖추고 있다.

기자·에디터·작가·편집자와 비슷한 점과 다른 점

채용 인터뷰를 하다 보면, 이전 경력에 '콘텐츠 매니저'라고 적힌 사람은 드물다. 보통 기자·에디터·작가·편집자 출신이 많이 지원한다. 이들 직업과 콘텐츠 매니저는 무엇이 비슷하고 무엇이 다를까.

이야기를 잘 전달하는 데 필요한 역량은 비슷하다. 기자·에디터·작가·편집자가 하는 업무를 잘게 쪼갠 다음, 콘텐츠 매니저의 업무와 성격이 비슷한 일을 다시 추려 보면 '글쓰기'가 남지 않을까. 그만큼 글쓰기 능력은 기본이며 중요하다. 그 밖에 새로운 아이템을 기획하거나 선정하고, 그에 맞는 사람을 섭외하거나 인터뷰하고, 글에 어울리는 사진이나 일러스트레이션 등 이미지*를 마련하는 일도 비슷하다.

그렇다면 서로 다른 점은 무엇일까? 먼저 일하는 환경과 일하는 방식이 다르다. 콘텐츠 매니저는 주로 테크 기업이나 스타트업 등 고도화된 기술 환경에서 비즈니스를 수행하는 조직에 속한다. 따라서 이야기를 만드는 이유도, 이야기를 전달하는 화자도 기자나 편집자와는 다르다. 대화를 건네는 주체가 사실은 기업이기 때문이다. 자체 미디어owned media를 운영하는 기업이 늘어

---

* 영상은 그 나름의 광범위한 세계가 있기 때문에 이 책에서 깊게 다루진 않겠다.

남에 따라 '브랜드 저널리즘'이란 말도 생겼다. 하지만 뉴스를 취재하여 대중에게 보도하는 저널리스트의 일과 특정 부류를 위해 기업에서 콘텐츠를 다루는 콘텐츠 매니저의 일은, 관심을 구하는 면에서는 비슷할지언정 분명 다른 행위다.

또 하나 중요한 차이가 있다. 바로 마감이다. 일간·주간·월간 등 발행 주기가 일정한 언론 또는 매체와 달리, 콘텐츠 매니저의 마감 시한은 본인이 직접 정하거나 내부 사정에 따라 유동적이다. 소속 기업의 조직 문화가 대체로 수평적이기에 리더나 상사가 없는 경우도 많다. 따라서 마감 관리는 표면적으로는 비교적 자유로워 보이더라도 일하는 사람의 신뢰도와 직결되는 중요한 역량이다.

기자·에디터·작가·편집자가 스페셜리스트에 가깝다면, 콘텐츠 매니저는 제너럴리스트에 가깝다. 이야기를 다루는 전문성을 이들만큼 갖추기는 어렵다 해도, 이들이 하는 일을 정확히 이해해야 한다. '조직의 목표 달성'과 '서비스/브랜드의 성장'이라는 목적을 이루려면 이들과의 협업도 필수다. 감히 비유하자면 콘텐츠 매니저의 일은 이들의 업무를 모두 합친 새로운 직무로 볼 수 있다.

　따라서 신입부터 바로 콘텐츠 매니저가 되기란 쉽지 않을 수 있다. 어디에서든 커리어를 쌓으며 자신의 강점을 발견하고 계발하기 바란다. 그러면서 어느 정도 성과를 낸 다음에 콘텐츠 매니저로 전환하기를 추천한다.

　여담이지만, 동료들끼리 이런 농담을 하곤 한다. "콘텐츠 매니저에게 바라는 조건이 점점 까다로워지네요. 지금이라면 여기 못 들어왔을 것 같아요." 사실이 그렇다.

2

산업 이해하기

: 산업별로 달라지는

'콘텐츠'의 의미

회사와 고객 사이에 있는 사람

아내와 오랜만에 해외여행을 떠나기로 했다. 장소는 시드니와 멜버른. 늘 지구의 북쪽으로만 여행을 다녔지, 남반구로 가는 건 처음이다. 아내는 그곳에 먼저 다녀온 친구들의 말을 빌리며, 멜버른에서는 대자연을 보는 체험을 꼭 해야 한다고 했다. 온라인으로 몇몇 프로그램을 살펴보다가 하나가 눈에 띄었다.

팬데믹 3년을 겪고 나서 첫 여행이기도 하고, 소개 페이지 구성이 워낙 훌륭해서 슥슥 스크롤만 해도 가슴이 두근거렸다. 오전 6시 반부터 모였다가 오후 6시 반쯤 마치는 일정인데…… 괜찮겠지?

멜버른의 대자연 체험 예약을 마치고 메일함을 여니, 마침 유유출판사 사공영 편집자의 메일이 도착해 있었다. 초고 앞부분을 읽은 그는 출판 편집자와 콘텐츠 매니저의 미묘한 차이를 이렇게 인지했다고 전했다.

"초고를 먼저 읽고 이런 생각이 들었어요. 저자와 독자 사이에 편집자가 있듯, 회사와 고객 사이에 콘텐츠 매니저가 있겠구나. 독자를 만족시킬 콘텐츠를 기획하는 사람이 편집자라면, 콘텐츠 매니저는 자사 고객 또는 예비 고객을 만족시킬 콘텐츠를 기획하는 사람이겠죠.

출판 편집자와 콘텐츠 매니저는 공통적으로 자신이 품은 독자에게 가닿고 싶어 하는, 가닿아야만 하는 직업이지만 목표와 목적이 다르겠네요. 편집자 혹은 에디터, 나아가 작가나 기자가 콘텐츠 그 자체를 목표·목적으로 한다면 콘텐츠 매니저는 자사의 제품과 서비스, 브랜딩을 추구하니까요."

이렇게 탁월한 해설이라니. 사공영 편집자의 말처럼 콘텐츠 매니저가 회사와 고객 사이에 있다면, 그런 역할을 하는 사람들이 또 있지 않을까?

콘텐츠 매니저와 체험 호스트의 공통점
: 기억에 남을 경험을 선사한다

- 멜버른에서 체험하는 커피 마스터 클래스
- 경복궁에서 모델 포토 투어
- 일본 문화 전문가에게 배워 보는 종이접기
- 태국의 자연 가이드와 함께 자이언트 판다 만나기
- 캐나다 수제 맥주 브루어리 투어

에어비앤비에서 제공하는 '체험'* 프로그램들이다. 이번 꼭지의 개요를 고민하면서 콘텐츠 매니저와 비슷한 포지션으로 숙박 공유 플랫폼 에어비앤비의 '체험 호스트'를 떠올리곤 했다.

콘텐츠 매니저와 체험 호스트 모두 회사와 고객 사이에서 고객의 기억에 남을 경험을 기획한다. 단순히 고객을 목적지까지 데려다주는 택시 기사, 풍경과 장면을 수동적으로 보여 주는 가이드의 역할을 넘어 현지에서만 경험할 수 있는 가치를 제공해야 한다. 콘텐츠 매니

---

* 에어비앤비에서 2016년부터 제공하는 서비스로, 일반적인 투어나 워크숍과 달리 현지인이 직접 운영하며 특색 있고 기억에 남는 활동을 제공한다. 게스트는 '체험' 호스트가 열정을 품은 관심 분야를 심도 있게 경험할 뿐만 아니라, 여행지를 새로운 시각으로 만나 볼 수 있다. 코로나 시기에는 비대면으로도 사람들과 소통하거나 가상으로 여행할 수 있는 '온라인 체험'이 출시됐다.

저는 특정 브랜드의 로고가 큼지막이 또는 은근슬쩍 들어간 옷을 입고, 로고가 매핑된 차량을 직접 운전해 고객을 특정 지역으로 데려가 특별한 경험을 하게끔 안내한다.

운전대를 잡는 차량과 그 너머 풍경은 자신이 속한 기업과 산업에 따라 달라진다. 차량은 기업 규모나 문화이며, 풍경은 콘텐츠 매니저가 구체적으로 다뤄야 하는 콘텐츠다. 산업에 따라 운전하는 차량이 세단 또는 승합차, 심지어 40인승 버스가 될 수도 있다. 빈티지 가구 판매업체의 콘텐츠 매니저와 아파트를 짓는 건설사의 콘텐츠 매니저가 다루는 예산 규모, 거래처 수는 서로 다를 것이다. 더불어 산업의 성장 속도에 따라 차량의 배기량도 다르다. 상황에 따라 체험 호스트처럼 자동차와 도보를 병행하며 이색적인 경험을 제공하기도 한다.

**좋은 기획은 기업과 산업에 대한
관심과 이해에서 시작된다**

콘텐츠 매니저는 어떤 풍경을 통해 고객에게 기억에 남는 경험을 줄 수 있을까? 풍경 감상을 넘어 그 현장에서만 경험할 수 있는 좋은 기획은 어디에서 나올까?

유능한 체험 호스트가 되려면 먼저 고객이 체험할 장소를 보통의 현지인보다 조금이라도 더 파악하고 있어야 한다. 그래야 그 가운데 매력적인 풍경을 골라 하루치 프로그램으로 기획할 수 있다. 콘텐츠 매니저도 마찬가지다. 전공이나 이력이 산업과 밀접하지 않아도 괜찮다. (동료들을 보면 산업과 무관한 전공이 대부분이었다.) 하지만 고객에게 의미 있는 경험을 전하려면, 자신이 속한 산업의 풍경을 적어도 현지인만큼, 나아가 해당 분야의 전문가만큼 빠르게 파악해야 한다. 신선 식품을 온라인으로 파는 회사라면, 본사와 연계된 냉장 또는 냉동 창고, 주요 농수산물을 납품하는 농가, 도매시장 등이 콘텐츠 매니저에게 꼭 필요한 '현장'이다. 좋은 기획까지 해내는 현지인이 되는 길은 기업과 산업에 대한 관심과 이해에서 시작한다.

물론 모두가 '현장'에 바로 접근할 수 있는 건 아니다. 그런 만큼 우선 기업과 산업을 거시적 관점에서 미리 파악하는 몇 가지 방법을 소개하겠다.

❶ 전자공시시스템에서 기업공시 확인

전자공시시스템DART은 상장법인 등이 공시 정보를 인터넷으로 제출하고, 투자자 등 이용자는 제출 즉시 인터넷을 통해 조회할 수 있는 종합적 기업공시 시스템이다. 「자본시장과 금융투자업에 관한 법률」 등에 의해 외부감사 대상 법인(상장사 및 비상장사), 공정거래위원회 지정 대기업집단 소속 회사, 거래소에 상장된 외국 회사는 모두 공시 의무가 있다. 이들은 주로 사업보고서, 분·반기보고서 등의 정기 공시를 비롯한 주요 사항을 공시한다.

2000년 4월부터 시행된 전자공시제도 덕분에 이제 회사 이름만 알면 해당 기업의 정보를 DART에서 찾아볼 수 있다. 그중 해당 기업의 '사업보고서'나 '분기보고서'를 보면 도움이 된다. 공통적으로 [II. 사업의 내용]에서 기업이 주력하는 사업 부문에 관한 정보, 업황, 위험 요소, 단기 계획, 주요 제품 및 서비스 현황 등을 알 수 있다. 이어지는 '재무제표'를 보면 사업은 잘되고 있는지, 이익 또는 손실이 어느 정도인지도 파악할 수 있다.

설명 중 생소한 단어가 있다면 따로 찾아보면서 관

런 제도나 법령, 그것이 해당 산업에서 지니는 중요성 등을 알아 두자. 그렇게 학습한 내용은 추후 생산할 콘텐츠에서 고객에게 하나하나 쉽게 풀어 주는 형식으로 재생산할 수 있다.

특히 기업공개IPO를 앞두고 있거나 이미 상장한 기업이라면 '투자설명서'를 찾아보자. 투자설명서는 투자자가 정보에 입각한 결정을 내리게끔 돕는 종합적인 가이드 역할을 한다. 기업이나 산업을 잘 모르는 외부 투자자의 눈높이에 맞춰 주요 용어 해설부터 산업의 특성과 성장성, 국내외 시장 여건, 회사 현황, 판매 전략까지 상세히 풀이되어 있어 기업과 산업을 공부하는 데 효과적이다.

다음은 DART에 몇몇 기업이 공시한 투자설명서 중 [사업의 내용] 일부를 발췌한 것이다.

K사(게임 산업)

게임은 상대적으로 쉬운 접근성과 저렴한 비용으로 여가 시간을 즐길 수 있는 대표적인 엔터테인먼트 수단입니다. (……) 핵심 게임 IP는 탄탄한 스토리와 흥행이 검증된 세계관을 통하여 영화, 드라마, 웹툰, 애니메이션 등 다채로운 콘텐츠로 확대가 가능하여, 이를 통해 이용자를 지속적으로 유입하고 신규 비즈니스 기회 발굴을 위한 노력을 하고 있습니다. 중장기적으로는 AR, VR, 클라우드 등 신기술에 접목한 게임과 멀티 플랫폼, 크로스 플레이 등의 플랫폼 진화에 힘입어 글로벌 게임 시장은 지속적인 성장을 이어 갈 것으로 전망됩니다.

H사(음악 산업)

당사가 속한 음악 산업은 음악의 창작, 음반 및 음원의 제작, 유통 및 판매뿐만 아니라 공연, 출판, 매니지먼트, 공식 상품(MD) 등 아티스트와 음원을 활용하여 가치를 창출하는 모든 산업을 포괄하고 있습니다. (……) 최근 IT 기술을 토대로 미디어가 발전하고 전 세계적으로 모바일 기기 보급률이 증가하면서, 음악 산업은 기존의 전통적인 영역을 넘어 음악 콘텐츠와 유기적으로 연결이 가능한 영상 콘텐츠(영화/광고 등), 공식 상품 등 여타 산업으로 빠르게 확장되는 추세이며, 글로벌 전역으로 확산되고 있는 K-POP 열풍을 필두로 문화적/정서적 요소가 결합된 파생 콘텐츠가 기하급수적으로 증가하고 있습니다.

물론 투자설명서의 궁극 목적은 해당 기업에 투자

하게끔 하는 것이니만큼 기업과 산업의 미래를 보다 긍정적으로 바라보는 편이다. 그러니 보고서에 적힌 잠재적 위험과 불확실성까지 모두 꼼꼼히 읽어 내야 균형 잡힌 시각을 유지할 수 있다.

국내 자료가 여의치 않다면, 외국 자료를 통해 간접적으로 알아보는 방법도 있다. 대표적인 예는 미국 상장기업이 미국 증권거래위원회SEC에 의무적으로 제출해야 하는 10-K 양식의 보고서다. 10-K 보고서는 기업 홍보 목적으로 일반 투자자에게 공개하는 연례 보고서보다 더 많은 정보를 담고 있어 분량도 100페이지가 넘어갈 정도로 방대하다. 그중 초반에 등장하는 사업Business, 위험 요소Risk Factors를 읽어 보면 기업과 산업의 현재 모습, 당면한 문제 등을 빠르게 파악할 수 있다. 보고서는 각 기업의 IR 페이지 또는 SEC에서 운영하는 전자공시시스템EDGAR에서 살펴보면 된다.

❷ 증권사 애널리스트 보고서 검색

증권사에서 애널리스트들이 작성하는 보고서는 기업과 산업에 대한 깊이 있는 내용을 담고 있다. 한경컨센서스나 네이버페이 증권의 '리서치' 홈을 활용하면 무료로 공개되는 보고서들을 한 번에 볼 수 있다.

그중 '종목 분석'이나 '산업 분석'을 살펴보자. '종목 분석'에서는 개별 기업 정보를, '산업 분석'에서는 인터넷 포털, 자동차, 건설, 석유화학, 은행, 조선, 음식료, 게임, 바이오 등 업황을 엿볼 수 있다. 대개 애널리스트마다 담당하는 산업이나 기업이 있으니, 최근 보고서 하나만 보기보다는 특정 애널리스트 이름으로 검색하여 1~2년 치 보고서를 함께 찾아보자. 그러면 담당 애널리스트가 바라보는 기업과 산업이 어떤 추세인지 보다 효과적으로 파악할 수 있다.

일부 증권사는 회원에게만 보고서를 공개하기도 하니, 꼭 살펴보고 싶은 내용은 회원으로 가입해서 보면 된다. 개인적으로는 신영증권 리서치센터에서 발간하는 「장기주의」Longtermism 시리즈를 좋아한다. 특히 리서치센터를 거쳐 현재 신영증권 자산배분솔루션본부 이사로 재직 중인 박소연 애널리스트의 보고서를 보려고 일부러 신영증권에서 주식 계좌를 만들기도 했다. 그가 발행하는 「인구론」「Homo Ludens: 유희의 인간」 등은 산업 경계를 넘어 특정 주제를 거시적으로 조망하게끔 돕는다.

　　각 증권사에서 개별적으로 발행하는 공시 보고서는 금융투자협회의 '증권사별 금융투자분석사 현황' 메뉴에서 확인할 수 있다.

❸ 유튜브나 구글에서 '기업명+기업분석'
'기업명+PDF'로 검색

❶과 ❷의 과정이 번거롭다면 비교적 쉬운 방법이 있다. 유튜브나 구글에서 알아보려는 기업명을 넣어 가령 '당근 기업분석' '비바리퍼블리카(토스) 기업분석' '무신사 기업분석' 같은 식으로 직접 검색해 보면 된다.

　　요즘은 유튜브, X(구 트위터), 블로그, 텔레그램 등 다양한 플랫폼에서 많은 크리에이터가 자체 채널을 통해 기업이나 시장 상황을 대중 눈높이에 맞춰 해설해 준다. 다만 크리에이터들이 만드는 콘텐츠는 증권사 애널리스트 보고서보다 신뢰도가 낮다는 문제*가 있다. 예측이 빗나가면 콘텐츠를 슬그머니 삭제하는 경우가 종종 있으며, 어디까지가 사실이고 의견인지 구분하기도 까다롭다. 따라서 인증된 기관의 보고서가 아닌, 개인이

＊ 애널리스트 보고서의 신뢰도 논란도 있긴 하다. 이는 애널리스트가 시장 참여자에게 유용한 정보를 제공할 의무가 있는 동시에, 증권사의 수익 창출에 기여해야 하는 이해 상충 문제 때문이다. 이런 이해 상충 문제를 완화하고자 「자본시장과 금융투자업에 관한 법률」 제71조(불건전 영업행위의 금지), 금융감독위원회의 금융투자업 규정 등 다양한 규제 제도가 시행되고 있다.

작성한 콘텐츠에서는 데이터 출처를 확인하는 습관이 필요하다.

❹ 뉴스레터, 기업 공식 채널, 경영연구원이나
경제연구소, 정부 산하기관에서 발간하는 보고서,
비상장거래소 정보 참고

산업이나 주제별로 특화된 뉴스레터, 기업 공식 채널에서 자체적으로 만드는 콘텐츠, 각 기관에서 발행하는 자료를 참고하는 방법도 있다. 그중 몇 가지만 소개한다.

대한무역투자진흥공사KOTRA에서 운영하는 '해외경제정보드림'은 정부부처, 공공기관, 민간에 산재된 해외 진출 관련 정보를 모아 놓은 포털이다. 산업 간 국경이 희미해진 오늘날, 여기서 제공하는 해외시장 뉴스를 통해 국내시장에 미칠 영향을 가늠해 볼 수 있다. 세계 곳곳에 파견된 무역관이 전하는 생생한 현지 정보는 이 사이트만의 강점이다.

그리 자주 올라오는 편은 아니지만, 공정거래위원회에서도 시장분석보고서를 공개한다. 이 보고서에서는 특히 해당 시장의 경쟁 상황이나 규제 환경 등을 확인할 수 있다.

콘텐츠 관련 직무를 채용하는 기업 중에는 아직 상장하지 않은 스타트업이 많다. 비상장 기업은 DART 공시 의무가 없으므로 다른 접근 방식이 필요하다. ❸과 같이 개별 기업의 정보를 직접 검색하거나, 장외시장 정보를 제공하는 '38커뮤니케이션', 비상장/스타트업 전문 증권거래 플랫폼 '서울거래 비상장', 두나무에서 운영하는 '증권플러스 비상장' 등에서 정보를 찾아볼 수 있다.

다음은 삼성증권 대체투자팀에서 2023년 8월 14일에 발간한 M사에 관한 보고서 첫 페이지에 적힌 내용 일부다. 서울 일대 4곳과 강원도 고성에서 '맹그로브'란 이름으로 코리빙 사업을 진행 중인 M사의 회사 정보와 더불어 아직 초기 단계인 공유 주거 시장에 대한 정보까지 접할 수 있다.

M사(비상장):「최초, 최대의 기록을 지닌 임팩트 디벨로퍼」보고서 중

스케일업 과정, 연관 사업으로 무한한 확장 가능성: 코리빙과 같은 임대주택 사업은 규모의 경제가 중요하다. 주거의 특성 매출과 수익이 매우 안정적이고 운영 수익률이 높지 않기 때문에 운영 세대수의 대형화 필요성이 높기 때문이다. 그러나 M사가 스케일업하려는 이유는 이를 넘어 현재의 고객이 중장기적으로 생애주기에 따라 주거 소비의 패턴을 달리하며 M사가 제공하는 다양한 상품을 소비하는 고객층으로 확보하기 위함이다. 주거에 연관된 산업이 광범위하다는 점에서 M사의 우수한 브랜드 관리는 평생 고객을 확보하고 추가 사업 확장에 큰 도움이 될 것이다. 이러한 전략하에 M사의 현재 운영 호실은 1천 세대로 peer 대비 클 뿐 아니라 고성의 워케이션, 역세권 청년주택, 시니어 코리빙 등으로 적극 확장하는 단계다. 이 같은 새로운 시도는 순조로운 흐름을 보이며 진행되고 있다. 최대 34인이 머무를 수 있는 고성의 워케이션은 오픈 3개월 만에 목표 OCC(객실 점유율)를 달성하였으며 은평에 인허가 단계인 시니어 코리빙은 2026년 준공 목표다.

이쯤 되면 독자 입장에서 불평이 나올 법도 하다. '아니, 나는 콘텐츠 매니저의 일이 궁금해서 이 책을 읽는 건데 언제까지 보고서 이야기를 할 셈인가.' 그 말이 맞다. 슬슬 보고서 이야기는 마무리 짓고, 한 가지만 더 강조하겠다.

기업과 산업을 다룬 보고서를 살펴야 하는 또 다

른 이유는, 콘텐츠 매니저로서 고객에게 전하려는 풍경이 비즈니스 차원에서도 매력적인지, 해당 업에서 중요한 키워드가 무엇인지를 숫자로 드러나는 조사분석 자료에 기반하여 살펴볼 수 있기 때문이다. 콘텐츠 기획은 개인의 관심에 따라 주관적일 수 있지만, 이런 보고서는 객관성을 잡아 주는 훌륭한 도구이다. 그리고 자신의 커리어를 위해서도 내리막길을 걷는 산업에 굳이 발을 디딜 필요는 없지 않을까.

산업마다 핵심 키워드가 있다

기업과 산업에 대한 리서치를 하다 보면, 유독 제목에서 반복되는 키워드나 본문 중 굵은 글씨로 강조되는 키워드가 보일 것이다. 그게 곧 기업과 산업의 핵심 키워드다. 콘텐츠 매니저로서 기획할 많은 콘텐츠는 대체로 그 키워드와 자신이 속한 기업의 교집합 속에 들어 있다.

토스의 콘텐츠 매니저로 일할 때, 내가 생각한 핵심 키워드는 '돈'이었다. 돈은 그 자체로 무궁무진한 이야깃거리를 지닌 소재라 콘텐츠 매니저로서 아이템을 기획하기 어렵진 않았다.

우선 돈을 어떻게 다루느냐에 따라 주제를 굵직하게 나눠 보았다. 돈을 쓰는 일은 '소비', 돈을 모으는 일은 '저축', 돈을 빌리는 일은 '대출', 돈을 불리는 일은 '투자'라고 할 수 있다. 각각의 행위를 더 잘하는 법은 소위 '재테크'로 불린다. 돈이 흐르는 속도는 세계 중앙은행의 금리가 결정한다.

여기까지는 누구나 상상할 수 있는 단계다. 그럼 콘텐츠 매니저이자 체험 호스트로서 어떤 고민을 더 해야 할까? 어떤 기획을 해야 고객에게 기억에 남는 경험을 선사할 수 있을까?

『매거진 B』의 에디터로서 고민한 키워드는 브랜드가 아닌, 사람들의 '직업의식'이었다. 그동안 『매거진 B』에서 취재한 브랜드 창업자들에게는 저마다 고유한 철학이 있었고, 그 정수를 파고들면 자신의 업을 스스로 정의하고 실천하는 남다른 태도를 만나게 되었다. '직업의식'이라는 키워드는 추후 단행본 임프린트 '레퍼런스 바이 비'에서 첫 시리즈로 선보인 직업인 인터뷰 '잡스'JOBS로 발전했다.

기본적으로 이야기꾼으로서의 역할이 무척 중요하다고 생각합니다. 여러 가지 이야기를 모아 큐레이팅하는 능력이 필요한 시대이고요. 미스터포터에서는 콘텐츠를 제작할 때 세 단어를 늘 염두에 둡니다. (……) 정보를 알리고inform, 마음을 움직이고inspire, 보는 사람을 즐겁게entertain 해야 합니다.[2]

남성 전문 이커머스 미스터포터의 브랜딩과 콘텐츠 디렉팅을 총괄한 제러미 랭미드가 '잡스' 시리즈의 첫 책 『잡스-에디터』 인터뷰에서 한 말이다. 고객에게 기억에 남는 경험을 주는 과정도 마찬가지다. 내가 발견한 핵심 키워드를 토대로 몰랐던 사실을 알려 주거나, 감동을 주거나, 아니면 재미라도 있어야 한다.

여기에 하나를 추가하자면, 회사와 고객의 중간에 있는 사람으로서 최소한의 보증은 필요하다. 기업에서 만드는 콘텐츠는 담당자 개인의 바이라인 대신 기업명이나 소속 조직명으로 발행되는 경우가 많기 때문이다. 따라서 콘텐츠 자체의 품질이나 내용에 대한 신뢰 확보는 기본이다.

산업을 먼저 알고 좋아해야 하는 이유

콘텐츠 매니저가 고객에게 보여 줄 풍경은 산업이 결정한다. 그리고 누구보다 그 풍경을 많이 보는 사람은 바로 일하는 자신이다. 스스로에게 솔직하게 물어보자. 끊임없이 반복되는 풍경을 좋아할 수 있는가? 그 풍경에서 작은 차이나 새로운 점을 발견해 낼 만큼 호기심과 애정이 있는가?

글 쓰는 트레이더로 잘 알려진 김동조는 자신의 블로그에 '내가 일하고 있는 곳이 마음에 들지 않을 때'라는 제목으로 이렇게 썼다.

20년 가까이 되는 세월 동안 직업과 직장에 대한 고민을 하기도 하고, 친구와 후배들로부터 듣기도 했는데 대략 다음의 고민들로 정리할 수 있을 것 같다.

1. 지금 일하는 산업은 맘에 드는데 지금 회사는 마음에 들지 않는다.
2. 지금 일하는 산업도 회사도 마음에 드는데 부서가 마음에 들지 않는다.
3. 지금 일하는 산업도 회사도 부서도 마음에 드는데 사람(동료/상사)이 마음에 들지 않는다.

4. 지금 일하는 산업도 회사도 부서도 사람도 마음에 드는데 내
   가 잘 못한다.

위의 네 가지 고민을 하는 사람이라면 그래도 꽤 괜찮은 인
생이라고 할 수 있고 나름 노력을 통해 해결 방법을 찾을 수
있는 사람들일 것이다. 고민의 레벨을 1에서 4로 바꾸도록
노력하는 게 중요하지 않을까 생각한다.
(……) 직업과 직장에 대한 고민 중에 가장 심각한 건 다음
고민일 것이다.

5. 지금 일하는 산업이 맘에 들지 않는다.

금융계에 있는데 연예계로 가고 싶다거나 연예계에 있는데
금융계로 가고 싶다거나. 참 곤란한 일이다.[3]

산업은 그만큼 중요하다. 표면적으로는 이 직업의
쓸모부터 처우까지 영향을 미치며, 본질적으로는 '왜 이
일을 하는가'와 맞닿아 있다. 물론 책을 좋아하지 않는
데 출판업에서 일하거나, 자동차를 좋아하지 않는데 자
동차 산업에서 일할 수 있다. 재무나 회계, 법무 등 산업
의 영향을 상대적으로 덜 받는 직무라면 더 그럴 수 있

다. 하지만 콘텐츠 관련 직무는 사정이 다르다. 내가 그 풍경을 좋아하지 않는다면, 고객에게 기억에 남는 경험과 감동을 주기는커녕 그 풍경을 보여 주는 일 자체가 고역일 수 있다. 그곳에서 가장 오랜 시간을 보내는 건 나 자신이니 말이다.

기분 좋은 기억을 남기는 콘텐츠

아내와 나는 시드니와 멜버른에 무사히 다녀왔다. 멜버른 중심부에서 남서쪽으로 200여 킬로미터 떨어진 그레이트 오션 로드부터 12사도 바위까지 둘러보는 체험도 잘 마쳤다. 우리가 경험한 체험의 호스트가 궁금해져 소개 글을 찾아봤다.

2017년, 멜버른 일대를 여행하며 평생을 보낸 후, 저는 회사를 그만두고 에어비앤비 체험 호스트가 되었어요. 이는 제 인생 최고의 결정 중 하나였고, 이 직업이 정말 마음에 들어요! (……) 저희의 여정은 여러분을 위해 세심하게 선별되었습니다. 놀라운 경치를 보고, 역사·지질학·야생동물에 대해 배우고, 맛있는 홈메이드 스낵을 맛보고, 무엇보다 즐거운 시간을 보내실 수 있으니까요. (……) 잊지 못할 하루를 함께하세요. Join us for a day you won't forget.[4]

그날 아내와 함께한 체험은 잊지 못할 만큼 좋았다. 방문 장소마다 호스트는 풍경 관람을 해치지 않는 적당한 길이로 이야기를 들려줬고, 먼 곳에서 불어오는 세찬 바람에 굳은 몸을 녹이라고 따뜻한 음료와 쿠키를 내왔다. 주변을 충분히 둘러볼 수 있도록 재촉하지 않으며 여유를 줬다.

이제는 여행지에서의 체험 하나도 단순한 관광에 그치지 않듯, 콘텐츠를 접하는 경험도 세심하게 설계되어야 한다. 참여자가 끝까지 체험을 완수하도록 강약 조절도 필요하다. 그리고 결국에는 고객이 만족을 느끼게끔 해야 한다. 그런 기분이 좋은 기억으로 남는다.

내가 참여한 콘텐츠를 누군가 보고 "저 그거 기억해요. 정말 좋았거든요"라고 말해 준다면, 그게 바로 최고의 칭찬 아닐까? 콘텐츠 매니저라는 직업인으로서 사람들에게 어떤 경험을 선사하느냐에 따라 나뿐 아니라 내가 운전하는 차량에 적힌 기업과 브랜드의 평판도 함께 움직인다.

3

이력서 쓰기

: 눈에 띄는 이력서의 비밀

이력서의 목적과 독자

관심 있는 산업과 기업을 찾았다면, 그곳에서 직접 일해 보는 기회를 얻을 차례다. 아무나 그 기회를 잡는 건 아니다. 많은 사람이 선망하는 기업이나 일자리는 수요 공급의 원리에 따라 희소가치를 지닌다. 취업의 첫 단추인 이력서부터 신경 써야 한다. 이번 글은 '콘텐츠 매니저'와 연관된 포지션으로 일자리를 찾거나, 이직을 고려 중인 분들의 서류 심사 통과를 (감히) 목표로 써 본다. 면접 심사는 다른 차원의 문제라서 여기서는 다루지 않겠다.

이력서는 목적과 독자가 명확하다. 목적은 일자리를 얻는 것, 독자는 채용의 의사결정에 관여하는 사람들이다.

독자는 두 부류로 나뉜다. 인사팀*의 채용 담당자가 먼저 확인한 다음, 현업 부서에서 검토하는 식이다.

---

* 조직 문화가 유기적으로 바뀌면서 피플 팀, 채용 팀 등 기능에 따라 세분화되기도 한다.

규모가 더 작은 회사라면 HR(인적 자원) 업무를 겸하는 대표가 이력서를 직접 검토하기도 한다. 채용 담당자는 이력서에 적힌 내용을 토대로 지원자가 채용 공고에 적힌 최소 자격 요건을 충족하는지 확인한다. 그 기준을 넘지 않으면 채용 담당자 선에서 탈락시킨다. 즉 현업 부서로 이력서가 넘어가지 않는다. 다행히 이력서가 현업 부서까지 넘어가면, 팀장급 이상 또는 실무자가 직무 적합성을 확인해 면접을 볼지 말지 판단한다.

　　이력서 독자들에게 공통점이 있다면, 대체로 바쁘고 여유가 없다는 사실이다. 해변의 파도 소리를 벗 삼아 따사로운 햇살 아래 돗자리에 드러누워 시집을 펼치는 독자와 주광색 LED 조명 아래 사무실에 앉아 모니터 속 이력서를 살피는 독자의 마음가짐이 같을 수 없다. 특히 현업 부서의 실무자는 자기 업무를 하면서 채용 업무까지 챙겨야 하기 때문에 모든 지원자의 이력서를 꼼꼼하게 확인할 겨를이 없다. '제발 우리가 애타게 찾는 사람이 지원해서 채용을 얼른 마무리 지었으면!' 그들은 이런 마음으로 지원자가 직무기술서JD, Job Description에 부합하는 역량을 갖춘 사람인지 검증하고 빠른 시일 내로 채용하길 원한다.

그럼에도 이력서는 지원자의 첫인상을 좌우할 정도로 중요하다. 그동안 나도 실무자로서 채용에 관여한 경험이 몇 번 있다. 객원 에디터부터 동료 콘텐츠 매니저에 이르기까지, 이들의 서류 심사, 실무 면접, 채용 후 교육에 참여해 왔다. 다양한 이력서 및 포트폴리오를 검토하며 느낀 점은 (적어도 서류 전형에서) 이력서를 잘 준비한 사람은 어떻게든 눈에 띄며, 다른 면접관도 대체로 의견이 비슷하다는 사실이다. 그들의 이력서는 무엇이 달랐나?

자기소개서도 하나의 콘텐츠처럼

이력서를 자세히 살펴보면 경력을 기술하는 영역과 지원 동기나 앞으로의 포부 등을 적는 영역(입사 후의 모습을 가늠해 볼 수 있는 부분)이 있다. 두 영역을 사실과 이유 관점으로 나눠 보겠다.

• 경력을 기술하는 영역

: 저는 이런 일을 해 왔습니다 → FACT

경력 기술서는 일종의 팩트다. 지난 일, 해 놓은 일을 적는 문서다. 자신이 맡은 콘텐츠, 프로젝트의 기획 의도, 배경, 주제, 결과 등을 사실 위주로 적으면 된다. 과한 포장은 감점 요소가 될 수 있다. 요즘은 채용할 때 지원자의 평판을 꼭 확인하므로, 자신이 해 온 프로젝트와 그 프로젝트에 얼마나 기여했는지 있는 그대로 적는 게 좋다. 직무기술서에 어울리는 프로젝트를 수행한 경험이 있다면 좀 더 구체적으로 적을 필요가 있다.

어떤 기업은 직무와 연관된 경험 유무와 더불어 '주도적으로 일해 본 경험'이나 '성공적인 실적'track record이 있는지를 주요 기준으로 삼기도 한다. 영영사전에서 track record를 찾아보면 '과거에 누군가 또는 무언가가 이룬 모든 성취 또는 실패'라고 나온다. 성취뿐 아니라 실패 역시 분명한 '실적'이 될 수 있음을 기억하자.

'실적'을 기업에 적용하면 흑자 또는 적자가 된다. 이를 개인에게 적용하면 일하면서 겪은 성취 또는 실패다. 성취나 성공의 기준은 지원자나 프로젝트마다 다를 테니 숫자로 뒷받침할 수 있는 자료가 필요하다.

지원자 J의 동의를 구해, 경력 기술서에 적힌 업무 성과 일부를 소개한다. (일부 숫자 및 명칭은 변경했다.)

프로젝트 A 업무 성과

- 90개 쇼츠 기획·제작, 팔로워 약 +1500명 (기존 500명 → 2,000명)

  (최고 기록 : 조회수 170만, 댓글 254개, 팔로우 전환 약 972명)

프로젝트 B 업무 성과

- 글 185개, 영상 9개 총 194개 콘텐츠 제작 (월 평균 16개)
- 계정 최고 기록 경신 (좋아요 2.5만 콘텐츠 / 도달률 44.3만으로 1위 콘텐츠)
- 차별성 있는 콘텐츠로 브랜드 팬덤 강화 (유사 채널 대비 612.3% 높은 반응율)

프로젝트 C 업무 성과

- 구독자 4.5만 명, 최고 조회수 102만 회
- 메인 영상(롱폼) 64개, 쇼츠 81개 제작
- 쇼츠 노출 클릭률 평균 4%, 조회율 77~90%

스스로를 "데이터에 기반해 전문 영역을 대중적으로 풀어내 고객의 마음을 움직이는 콘텐츠 매니저"라고 소개한 J는 콘텐츠 기획뿐 아니라 이를 널리 확산하여 지표를 개선시키는 데에도 강점이 있는 사람임을 팩트를 기반으로 잘 서술하고 있다. (물론 콘텐츠란 정량 지표로만 설명하긴 어려운 것이므로 정성적인 서술도 뒷받침되어야 한다.)

실패 경험이더라도 그 과정에서 스스로 쌓은 교훈이 있거나 이후 개선한 사례가 있다면 지원자의 강력한 실적이 된다. 앞에서 '주도적으로 일해 본 경험'을 언급한 까닭은, 주도적으로 일해야만 성취나 실패의 원인을 체득할 수 있기 때문이다. 타인이 시켜서 한 프로젝트인데 망했다면? 대개 남 탓을 하게 된다. 왜 망했는지 알기 어렵거나 알고 싶지 않을 수 있다. 반면 작은 프로젝트 하나라도 적극적으로 이끌다 보면 그 프로젝트가 성공하든 실패하든 나에게 의미가 생기고 결과가 중요해진다. 이력서에 쓸 말도 자연스레 생겨난다.

가장 효과적인 경우는 실적을 굳이 증명할 필요가 없을 때다. 외부에서도 알 법할 정도로 바이럴이 됐거나 흥행한 프로젝트를 주도적으로 한 경우다. 다만 이는 드문 사례이기에, 이력서를 처음 접하는 독자가 잘 모른다는 걸 전제로 경력과 맥락을 함께 전달하는 것이 좋다.

- 지원 동기나 포부를 적는 영역

: 이 회사에 지원한 이유는 이렇습니다

→ WHY & WHAT'S NEXT

자유 형식의 자기소개서라고 봐도 무방하다. 영어로는 Cover Letter* 또는 Personal Statement에 해당한다.

여기서는 인상적인 자기소개서를 하나 소개한다. 생생한 이해를 돕고자 당시 내가 채용에 참여했고 함께 일했던 K에게 동의를 구하고 전문을 싣는다. (K는 업을 바꿔 현재 조직문화를 다루는 일을 하고 있다. 그는 조직문화에도 여전히 좋은 콘텐츠가 필요하다고 덧붙였다. K에게 다시 한번 감사드린다.)

자기소개

폴 오스터라는 작가가 있습니다. 그의 소설 배경은 늘 뉴욕입니다. 뉴욕에는 돈이 많습니다. 극장도 많고 미술품도 많습니다. 자동차도 많고 신문 잡지도 많고 범죄도 많습니다. 많은 인종이 살고 있고 그들이 만드는 음식도 다양합니다. 뉴욕은 정말 거대한 도시입니다. 그의 소설 첫머리는 대부분 우연히 누굴 만나거나 우연히 무엇을 줍거나 우연히 엉뚱한 전화를 받는 걸로 시작합니다. 저는 그의 소설이, 모든 것이

＊ 이력서, 포트폴리오 등의 문서 맨 앞에 표지처럼 붙여 편지 형식으로 제출하기 때문이다.

너무나 많고 다양해 필연이란 사라진, 대도시의 본질을 잘 보여 준다고 생각합니다.

저 역시 서울이라는 대도시에 살면서 폴 오스터의 소설 속 주인공처럼 우연이 가져다주는 톱니바퀴를 타고 성장했습니다. 대학에서 잡지를 만들었고, 그 일로 잡지 기자로서 사회 경력을 쌓기 시작했습니다. 외국어를 배우러 간 도시에서 한국어를 가르쳤고, 소용돌이 같은 한국 정치에 참여해 보기도 했습니다. 그리고 대기업과 출판사에서 성격은 천차만별이지만 잡지를 만들었습니다. 지금은 잡지 편집보다 교육 콘텐츠 비즈니스를 하기 위해 다양한 방향을 모색하고 있습니다. 『우연의 음악』은 폴 오스터의 소설 중 가장 좋아하는 작품입니다. 우연의 힘에 따라 저는 많은 선택을 했습니다. 그리하여 얻은 우연의 산물은 다양한 경험과 도전 정신입니다. 이 경험과 도전 정신이 저를 더욱 큰 길로 데려다주리라고 믿습니다.

지원 동기와 포부

콘텐츠 편집 관련, 제 전공이 있다면 테크 트렌드와 교육입니다. ○○텔레콤에서 사사와 사보를 편집하며 국내외 비즈니스 트렌드, 특히 ICT 트렌트 전반을 심도 있게 이해할 수 있게 됐습니다. 향후 P사에서 기획 중인 MWC 콘텐츠를 제가 편집해 볼 수 있기를 희망합니다.

최근까지 청소년 인문교양 매거진의 책임편집을 맡았고 글을 쓰고 있습니다. 이 잡지의 슬로건은 '스스로 생각하고 스스로 선택하며 스스로 행동하는 나'입니다. 저는 청소년 독자가 천편일률적인 한국 교육의 틀을 넘어 스스로 성장하길 바랍니다. 독자가 더욱 다양한 문을 두드려 볼 수 있도록 트렌드와 색다른 삶을 살고 있는 사람들의 이야기를 소개하고 있습니다. 제가 중학교 3학년 때, 아르바이트를 시작했는데 KFC 건대 지점에서 제 별명이 '카운터 머신'이었습니다. 돈 계산이 빠르고, 손도 빠르고, 말도 빨라 제 라인에 서면 줄이 금방 줄어들었습니다. 지금은 별명이 '마감 머신'입니다. 같이 일하는 후배가 조금 얄밉다고 생각할 만큼 마감을 잘 지킵니다. 다만 중학교 때에 비해 돈 계산이 약해졌습니다. 남의 돈은 계산이 잘 되는데, 제 돈은 잘 안 됩니다. 본업이 있음에도 P사의 객원 에디터에 지원한 이유는 돈을 더 벌어야 하기 때문입니다. 우려는 하지 않으셔도 됩니다. 프리랜서로 일한 경험이 많아 어떻게 시간 관리를 해야 하는지 잘 알고 있습니다. 부디 좋은 결과가 있기를 기대하겠습니다.

K의 자기소개서는 단연 눈에 띄었다. 2024년 세상을 떠난 폴 오스터에 대한 언급부터 내 취향을 자극하긴 했지만, 기본적으로 스토리텔링이 뛰어났다. 만약 자기

소개서 없이 이력서만 봤다면 이 정도로 인상에 남지 않았을 것이다. 폴 오스터의 소설과 작품 세계를 언급한 덕분에 그의 경력은 느슨하지만 효과적인 연결 고리를 확보하며 한 편의 이야기가 됐다.

그의 글을 다시 살펴보면,

— 자신이 해 온 일이 무엇인지
— 왜 그걸 해 왔는지 설명한 뒤
— 일과 연관된 경험 중 주력 분야와 강점을 어필하고
— 해당 포지션에 지원한 솔직한 동기와 포부를 밝혔다.

자기소개서가 중요한 이유는 과거의 일을 적는 경력 기술 영역과 유일하게 차별화할 수 있는 영역이기 때문이다. 그렇다고 자신이 살아온 인생을 소개하라는 말은 아니다. 여기서는 일의 현재와 미래를 말해야 한다. 지원 동기, 입사 후 포부를 통해 자신의 열정과 잠재성을 보여 줘야 한다. 앞에서 설명했듯, 산업과 기업에 대한 관심은 필수다. 생각의 깊이가 얕거나 임기응변으로 입사 후 하고 싶은 일을 적는 지원자와 산업에 대한 관심을 토대로 자주 고민한 흔적이 보이는 기획 아이템을 줄줄이 읊는 지원자의 차이는 크다. (면접 때도 지원자에게 '이곳에 와서 뭘 하고 싶은지'는 단골 질문이다.)

이번에는 채용 관계자가 아닌 구직자로서의 경험을 덧붙여 본다. 2012년 가을, 『매거진 B』의 에디터로 지원했을 때다. 당시 나는 건축 엔지니어로 일하고 있었고, 풀타임 에디터로 일한 경험은 전무했다. 글을 꾸준히 써 오긴 했지만 블로그에 쓰는 수준이었다. 증명할 경력이 전혀 없을 때, 내가 시도했던 건 역시 자기소개서와 연관된 작업이었다.

지금은 내게도 경력이란 게 생겼고 1페이지를 넘기지 않는 자기소개서가 있지만, 그때는 특별한 자기소개서가 필요했다. 11호 '인텔리젠시아' 편까지 나온 잡지의 구조를 분석하고 나름대로 벤치마크하여 이력서를 기획했다. 심지어 판권 면에 적힌 종이 회사를 찾아가 이 잡지가 어느 종이를 썼는지 알아낸 다음, 같은 판형과 포맷, 종이를 사용해 나를 마치 브랜드처럼 다룬 잡지를 만들었다. (그때는 간절함과 열정, 시간과 체력이 모두 있었다.) 운 좋게 인사팀 면접 기회를 얻었고 편집장 면접까지 진행했다. 그때 내 나름대로 만든 기획안을 가져 갔던 기억이 난다. (그때 제안했던 브랜드 중 적지 않은 수를 훗날 『매거진 B』에서 다뤘다.)

결과적으로 풀타임 에디터로 취업하는 데는 실패 했다. '직무 적합성'이라는 최소 자격 요건을 갖추지 못 했기 때문이다. 정성과 열정만으로는 취업할 수 없었 다. 대신 편집부에서 (자기소개서를 준비한) 태도를 좋 게 봐 준 덕분에 기존에 없던 '객원 에디터'을 제안했고, 2013년 3월, 13호 '빅'Bic 편부터 리서치와 기획 기사에 참여하며 관련 경력을 쌓을 수 있었다.

콘텐츠 매니저는 전공이 크게 중요하지 않은 직무 다. 학력보다는 경력이 중요하고, 콘텐츠만으로 승부수 를 띄울 수 있다. 이처럼 진정성 있게 쓴 자기소개서는 역전의 기회를 주며 이력서를 보완하거나 더욱 눈에 띄 게 만들어 준다. 콘텐츠 매니저에 지원한다면 자기소개 서도 하나의 콘텐츠처럼 기획할 수 있어야 한다. 약간의 팁이 있다면, 위트와 유머를 가미해도 좋겠다. 선명하고 차가운 LED 조명 아래 수십 건의 서류를 검토해야 하는 독자가 읽으면서 한 번이라도 미소 지었다면, 그것만으 로도 포인트를 하나 딴 셈이다.

1페이지로 압축하는 연습

이제는 콘텐츠 매니저를 채용할 때 지원자의 포트폴리오를 요청하기도 한다. 기업마다 바라는 게 조금씩 다르겠지만, 무얼 준비하든 서류 심사를 통과하려면 눈에 띄어야 한다.

한때 노션을 활용한 이력서와 포트폴리오가 유행한 적이 있다. 게다가 너도나도 아바타를 프로필 이미지로 활용했다. 아바타는 사용자가 자신의 역할을 대신하는 존재로 내세우는 애니메이션 캐릭터다. 수많은 프로젝트가 노션의 갤러리 템플릿으로 일목요연하게 정렬되어 있고 아바타 프로필로 깔끔히 정리되어 있어도, 포맷 자체가 흔하기 때문에 (소신을 담아 말하자면) 채용 관계자로서 인상에 깊이 남지 않았다. 게다가 아바타로 지원자의 얼굴을 대신하는 게 구직에 유리한 전략인지는 모르겠다. 모든 게 대체 가능한 시대에, 역설적으로 지원자가 대체 불가능한 유일한 존재임을 어필해도 부족한 마당에 말이다. 차라리 아무 사진도 없는 게 낫지 않을까.

나는 1페이지로 단정히 정리한 문서를 추천한다. 이런 문서는 채용 관계자가 끝까지 읽을 확률이 높다.

글쓰기에 자신 있다면 글쓰기 역량을 보여 주기에도 효과적이다. 이미지로 보여 줄 필요가 있어도 역시 1페이지로 압축하는 연습을 해 보자. 돌이켜 보면, 건축학과의 매 학기 설계 수업마다 최종 프레젠테이션은 패널을 활용하도록 했다. 패널에는 메인 이미지 하나, 헤드라인, 작업을 설명하는 다이어그램, 기본적인 도면들(배치도, 평면도, 입면도, 단면도 등), 프로젝트를 설명하는 글이 고정으로 들어갔다. 시선을 끄는 메인 이미지를 잘 만드는 것뿐 아니라 그 안에 내러티브도 있어야 했다. 그때 했던 훈련이 지금까지 큰 도움이 되고 있다.

정리해 보겠다.

① 면접관은 늘 바쁘다. 그럼에도 눈에 띄는 이력서는 늘 있다.

② 열정이 생계를 책임지지 않는다는 말이 있다. 이 말에 동의하지만, 인생에서는 열정이 필요한 순간이 있다. 구직 중일 때처럼 말이다.

③ 가장 좋은 이력서는 본업에서 성과를 낸 이력서다. 단, 본업이 너무 단조로운 곳이거나 성과를 적극적으로 포장하기 어려운 여건이라면 사이드 프로젝트라도 시도해 보자. 콘텐츠 매니저는 사이드 프로젝트의 성

과까지 인정하는 몇 안 되는 직무다.

④ 콘텐츠 매니저로 일한다면, 자기소개서도 콘텐츠 관점에서 접근하자. 기획이 필요하고, 디테일을 챙겨야 한다. 개인 소셜 미디어, 링크드인, 메일 서명 등도 조금만 더 신경 쓰면 눈에 띌 수 있다.

⑤ 너무 기본적인 사항이라 굳이 말하지 않았는데, 맞춤법/띄어쓰기 검사는 필수다. 특히 콘텐츠 매니저로 일하겠다는 사람의 자기소개서에 오탈자가 있으면, 이유 불문 감점 요소다.

마지막으로 이력서란 스스로를 증명해야 하는 문서임을 기억하면 좋겠다. 이력서를 잘 쓰는 능력은 언젠가 독립하여 회사 소개서를 만들거나 프리랜서로서 자신을 소개하는 페이지를 만들 때에도 큰 도움이 된다. 상대방에게 좋은 인상을 심어 주어 세일즈 경쟁력을 높일 수 있다.

일의 흐름

II

— 실무와 흐름

4

기획하기

: 답을 '내부'에서 찾는 기획의 시작

지금까지 콘텐츠 매니저를 '어떤 목적을 위해 다양한 이해 관계자와 협업하여 콘텐츠의 전략, 제작, 유통을 책임지는 사람'으로 정의했다. 일상 언어로 바꾸면 '스마트폰 화면 너머로 꾸준히 대화를 건네는 사람'이다.

콘텐츠 매니저의 핵심 역량은 무엇일까? 회사마다 원하는 기술이 다르겠지만, 꼭 필요한 세 가지를 꼽으라면 '기획, 빠른 학습, 글쓰기를 기반으로 한 커뮤니케이션'이라고 답하겠다. '기획'은 일의 시작점, '빠른 학습'은 익숙하지 않은 산업과 비즈니스에서 맥락을 파악하고 문제의 본질에 더 가까이 다가가기 위해 필요한 역량이며, '글쓰기를 기반으로 한 커뮤니케이션'은 콘텐츠 매니저의 기본 도구이자 무기다. 세 가지 역량의 궁극 목표는 기업의 문제 해결(에 기여하는 것)이다. 이번에는 그 시작점인 기획에 초점을 맞춰 살펴보겠다.

일을 시작하기 위한 준비, 기획

'기획'이란 단어를 처음 접한 곳은 대학교 건축학과의 설계실이다. 정확히 말하면 '기획설계'라는 개념부터 배웠다. 건축물을 설계하는 과정은 '기획설계-계획설계-기본설계(중간설계)-실시설계-사후설계관리'로 나뉜다. 기획설계는 건축물의 디자인을 시작하기 전에 땅은 괜찮은지, 주변 도로 여건은 어떤지, 법적으로 지어도 되는 건축물 규모나 용도는 무엇인지 등 프로젝트가 진행될 수 있을지 이것저것 가늠해 보는 업무다.

이쯤에서 내가 기획설계에 뛰어난 학생이 아니었다는 사실부터 고백해야겠다. 나의 기획설계는 콘셉트가 현실과 동떨어져 추상적이거나 생뚱맞다는 피드백을 받곤 했다. 학부 3학년 때였나, 해파리가 발광하는 과정에 꽂혀 여기에 관여하는 루시페린이라는 물질의 구조를 건축 콘셉트에 적용하려다가 혼났던 기억이 있다. 돌이켜 보니 단순히 내가 하고 싶은 것what에서 출발했을 뿐, 현장 답사나 가설을 통해 문제를 먼저 발견하고 그게 왜 문제인지 정의하는 과정why이 없었다.

졸업 후 직장에 들어가고서야 기획이 얼마나 광범위한 일인지 깨달았다. 일단 다양한 정의를 살펴보자.

기획企劃

- 일을 꾀하여 계획함 (한자사전)

- 어떤 대상에 대해 그 대상의 변화 목적을 확인하고, 그 목적을 성취하는 데 가장 적합한 행동을 설계하는 것 (HRD 용어사전)

- 모든 문제에 대하여 미래를 예측하며 방책을 구상하고, 목표를 설정하여 이에 따르는 대체 행동 방안을 선택하고, 방침을 결정하는 과정이며, 목표를 달성하기 위하여 가장 경제적이고 효율적으로 자원을 배분하여 최선의 방책을 수립하는 과정 (국방과학기술용어사전)

- 행정이 기존의 사회를 보다 바람직한 상태로 장래에 변화시키고자 정책결정 과정에서 설정된 (……) 목표를 달성하기 위하여 가장 효율적이고 적용 가능한 방법을 의도적으로 개발·선택하는 계속적인 지적 활동 (행정학사전)

- 경쟁목표의 달성을 위해 합리적인 여러 정책 방안을 준비하는 과정 (교육학용어사전)

- 작품을 창작할 때 그 내용이나 표현 방법 따위를 생각함. 만화에서 기획은 작품의 제작 목표, 목적, 개요, 일정, 예산, 줄거리와 캐릭터, 배경 설정 등 실제 창작에 앞서 필요한 준비 단계를 말한다. (김일태 외, 『만화 애니메이션 사전』)

- 어떤 것도 준비되지 않은 상태에서 새롭게 개발하고 창조해야 하는 일을 구체적으로 그려 보는 것 (송기인, 『커뮤니케

이션 광고 기획 방법』)

- 새로운 방송 프로그램을 만드는 것 (이영돈, 『영상 콘텐츠 제작 사전』)

　여러 의미를 살펴보니 '문제' '목표 달성' '계획 수립' 같은 단어가 반복된다. 기획이란 일을 시작하기 위한 준비다. 아무것도 없는 상태에서 이게 일이 될 수 있을까를 가늠해 보는 단계다. 여기서 일은 문제를 해결하거나 목표를 달성하는 걸 뜻한다. 기획을 거쳐 일거리로 만든 다음에야 그걸 구체적으로 실천하기 위한 계획을 세울 수 있다. 기획을 잘하려면 상상력이 필수지만, 너무 허무맹랑해서도 안 되므로 현실에 대한 냉정한 인식을 토대로 해야 한다.

　기획 앞에 자주 붙는 단어가 하나 있다. 바로 '전략'이다. 다음은 현 에르메스 CEO이자 창업자의 6대손 악셀 뒤마가 팟캐스트 '어콰이어드'에서 한 말이다.

　전략이란 내가 상대방보다 더 나은 일을 하고 있고 상대방은 나보다 더 나은 일을 하고 있다는 사실을 인정하는 겁니다. 어디서 싸울지 택해야 해요. 저는 팀원 중 누군가가 모든 걸 동시에 해야 한다고 말하는 것을 보면 항상 조금 실망하곤 합니다. 현실에서 그런 일은 일어나지 않으니까요. 자신의 싸움을 선택해야 하고, 에르메스는 누구보다 더 (전장을) 잘 선택하죠.

전략·기획을 정리하면, '스스로 서 있는 위치를 판단해 누구와 싸울지 정한 다음, 일을 시작하기 위해 준비하는 것'이다. 포지셔닝하려면 자신(소속 기업)을 객관적으로 알아야 하고, 무엇이 필요한지도 파악해야 한다. 일련의 행위는 문제 해결을 목적으로 한다. 창의적 직무가 아니더라도, 거의 모든 직장인에게 전략과 기획이 필요한 이유다.

무엇이 문제인가

콘텐츠 매니저에게 기획은 중요하다. 어떤 콘텐츠를 만들기에 앞서 기획안부터 준비해야 한다. 심지어 회의 이름이 '기획회의'인 경우도 많다. 자연히 이런 질문이 떠오른다. 어떻게 하면 기획을 잘할 수 있을까?

이 질문에 답하기 전에, 더 중요한 질문이 있다. 어

떻게 해야 '문제'를 발견하고 정의할 수 있을까? 어떻게 해야 문제 해결을 향한 콘텐츠를 기획할 수 있을까?

미국 교육학자 로저 카우프만의 정의에 따르면, 문제란 "현실과 원하는 것과의 차이"이다. 문제는 시간, 물자, 기능 등 무언가가 부족할 때 생겨나며, 해결 방안이 있음을 전제로 한다. 문제를 해결하려면 현실과 기대 수준의 간극을 좁힐 무언가가 필요하다. 콘텐츠 매니저에게는 그 틈이 기획의 출발점이다. 모든 기획이 특별하거나 독창적일 필요는 없다.

몇 가지 상황을 예로 들어 보겠다.

문제 1. A 직무 담당자를 빠르게 채용하고 싶은데(원하는 것), 지원자가 그리 많지 않다(현실).

채용 담당자라고 해도 문제의 근본 원인을 쉽게 파악하지는 못한다. 원인은 대개 복합적이다. 잠재 지원자들이 채용 사실을 충분히 알고 있나? 직무 관련 정보가 부족한가? 현재 경쟁사에서 더 나은 조건으로 A 직무를 채용 중인가? 기업 평판에 문제가 생겼나? 각각의 원인마다 가설을 세워 해결책을 제시할 수 있다. 채용 광고를 더 돌리거나 구직자들이 모인 커뮤니티를 직접 찾아가는 식이다.

콘텐츠 매니저라면 재직자 인터뷰를 기획해 볼 수 있다. 현재 회사에서 A 직무로 일하는 사람을 인터뷰하여 업무 내용과 입사 후 비전을 구체적으로 전달하는 것이다. 기업의 채용 문제는 지속적인 과제인 만큼, 여러 기업 블로그에서 현직자 인터뷰 콘텐츠를 고정적으로 발행하고 있다. 유명인이나 작가를 섭외하여 입사 체험형 콘텐츠를 제작하거나, 문제의 규모가 크면 채용과 브랜딩을 위한 별도의 컨퍼런스를 기획해 볼 수도 있다. 또는 회사의 조직문화를 알리는 아티클을 만드는 방법도 있다.

다른 상황도 살펴보자.

문제 2. 기업 블로그 개편을 준비 중이다. 방문자 수와 방문 빈도를 지금보다 더 높이고 싶다.

문제 3. 포커스 그룹 인터뷰FGI*를 진행해 보니, 현재 블로그의 경제·금융 콘텐츠들이 너무 쉬운 수준이라 아쉽다는 의견이 나왔다.

이 두 가지는 2020년 10월, 금융 앱을 만드는 스타트업에 막 입사했을 때 내가 마주한 상황이었다. 기업 블로그를 살펴보니 앱이 제공하는 여러 서비스와 기능

* 진행자가 소수의 참여자와 함께 밀도 있게 논의하는 방식. 당면한 특정 문제를 놓고 의견을 나누거나 미래 전략을 도출하는 데 활용된다.

등 사용법을 안내하는 콘텐츠가 상당히 많았다. 그런 콘텐츠 역시 당면한 문제를 해결하기 위한 기획의 결과물이었다. 검색이나 광고를 통해 콘텐츠를 접한 사람들에게 앱을 더 많이 사용하게끔 하고, 고객센터에서도 해당 콘텐츠를 활용해 CS(고객 만족)처리 효율을 높이고 비용을 아끼게 하려는 의도였다.

기존 콘텐츠 매니저들이 1~2년간 차곡차곡 쌓아온 콘텐츠 덕분에 기업 블로그의 여러 지표가 성장 국면이었다. 다만 기업 미디어로 도약하려면 블로그 자체를 손봐야 했다. 메인 화면 구성부터 메뉴 체계, 내비게이션까지 '그릇'을 바꾸는 작업이 필요했다. 동시에 바뀔 그릇에 걸맞은 여러 콘텐츠도 필요했다. 내가 팀에 합류했을 때는 마침 FGI가 마무리되는 단계였다. 다행히 대상 독자를 더 구체적으로 파악할 수 있는 좋은 자료가 확보되어 있었고, 이제 그들의 눈높이를 고려한 콘텐츠를 기획할 차례였다.

입사 초반, 내가 주로 맡은 건 중급 이상의 경제 및 금융 콘텐츠였다. 전략·기획 측면에서는 회사가 간편송금을 넘어 인터넷 은행, 증권, 온오프라인 결제, 신용평가 등 전방위로 사업을 확장하는 단계였기에, 사실상

'금융의 모든 것'을 다룬다는 인상을 풍겨야 했다. 주제를 고민하는 동시에 콘텐츠를 중급 이상으로 제작하려면 현재보다 분량을 늘리고 표현하는 방식에도 신경을 써야 했다. 그래서 애널리스트 리포트나 경제 미디어에서 흔히 쓰는 차트를 적극 활용하되, 커버 이미지는 내부 디자이너에게 부탁하여 통일감을 주도록 했다.

그렇다면 경제·금융 영역에서 변하는 것과 변하지 않는 것은 무엇일까? 어떤 금융 상품이 인기인지, 어느 기업이 핫한지, 시가총액 순위 등은 매번 변하지만, 그 기반에는 산업의 본질인 화폐 제도, 금리(이자율) 등 거시경제와 시장 메커니즘이 있다. 콘텐츠 매니저가 아닌, 은행의 대출 상품 고객이자 증권사의 개인 투자자로서 관찰하니 돈에는 늘 정부 규제가 따른다는 사실도 눈에 들어왔다. 금융 시장은 금리나 규제 변화에 따라 크게 출렁였다.

회사 적응을 마친 뒤에는 한국 사회에서 꺼지지 않는 관심 대상인 부동산, 세상 흐름을 읽을 수 있는 해외 비즈니스 트렌드, 이 산업에 꼭 필요한 리스크 관리, 기초 경제 용어 등을 다루는 시리즈로 기획을 확장해 나갔다. 키워드를 요약하면 '돈, 사람, 세상 변화'다.

비슷한 산업군에 속하는 해외 기업들의 공식 콘텐츠 채널도 비슷한 방향성을 보였다. 캐나다 주식 투자 앱 웰스심플은 자사 블로그에 발행하는 『웰스심플 매거진』에서 스스로를 이렇게 소개한다.

"돈과 사람 그리고 세상을 이해하고자 하는 사람을 위한 잡지."A magazine for people who want to understand money, and people, and the world

『웰스심플 매거진』의 카테고리는 4개다. 자사 소식을 전하는 '뉴스'를 제외하면 사실상 다루는 주제는 '돈, 사람, 세상'이다.

- 뉴스: 웰스심플의 최신 소식들
- 머니 다이어리Money Diaries: 흥미로운 사람들의 솔직한 돈 이야기
- 인간을 위한 금융Finance for Humans: 돈을 더 잘 관리하기 위한 조언 및 유용한 정보
- 돈과 세상Money & the World: 돈이 우리가 사는 세상을 형성하는 방법

그런데 여기서 문제는, 세상에는 너무나 많은 문제

가 있다는 사실이다. 기업의 문제도 있지만 시장이나 독자의 문제도 있고 사회의 문제도 있다. 문제에도 우선순위가 있다. 각각의 문제를 따져 접점을 찾되, 되도록이면 다루려는 문제가 기업과 뾰족하게 연결될수록 좋다. 물론 여기에 재미까지 가미한다면 최고의 조합이겠지만, 이 부분은 기업이나 조직의 분위기에 따라 차이가 있다.

콘텐츠로 모든 문제를 다룰 수도, 해결할 수도 없다는 사실도 명심하자. 일찍이 건축가 정기용은 학부생들에게 "본인의 건축이 세상을 구할 거란 착각을 버리라"고 말했다. 이는 건축학부생뿐 아니라 콘텐츠 매니저, 나아가 대부분의 직장인에게도 유효한 조언이다. 불특정 다수를 위한 기획보다는, 수는 적어도 타깃이 확실한 기획이 성공할 확률이 높다.

기획을 잘하려면

남은 질문에 답할 차례다. 어떻게 하면 기획을 잘할 수 있을까? 정해진 답은 없지만, 타임앤코(콘텐츠 구독 서비스 롱블랙 운영사) 공동 창업자 김종원 부대표의 강연 내용으로 갈음하려 한다. '기획의 비밀'이라는 제목의 강연 후반부에서 그는 기획 전략을 4가지로 정리해 제시했다.

- 자주 매일 생각
- 아무도 안 했다면 빨리 시도
- 자기에 대한 확신, 용기
- 뾰족하게

이는 그가 실제로 일해 온 과정과 닮아 있다. 동네책방 51페이지, 리디북스, 폴인을 거쳐 타임앤코 창업까지. 김종원 부대표가 지나온 길은 곧 문제 해결의 여정이었다. 그는 자신이 맞닥뜨린 문제들을 잘게 나누어 다양한 기획으로 실험하고 시도해 왔다.

동네책방을 운영할 때는 '사람들이 동네책방에 와야 할 이유가 뭘까'를 고민했다. 그 결과 출판사와 협업해 동네책방에서만 만날 수 있는 에디션을 론칭했다. 전자책 서비스 플랫폼에서는 '독서율이 저조한 시장에서 사람들이 책을 공짜로 준다고 과연 읽을지' 물었다. 그러다 '사람들이 언제 책을 읽고 싶어 할까'란 생각에 착안하여 (신간이 아닌) 책을 매력적으로 소개하는 곳과 협업하여 몇 번의 성공을 거뒀다. 타임앤코에서는 생산 방식과 전달 방식을 모두 바꿔 과도한 마케팅 없이 구독자가 올 수 있는 시스템을 시도 중이다. 그는 지금도 사람들이 롱블랙을 자주 찾는 습관을 만들고자 여러 기획을 끊임없이 이어 간다.

"기획은 미리 해야 합니다. 나로 인정받는 게 아니라, 내가 만든 결과물로 인정받아야 합니다."

그가 강연에서 한 이 말은, '기획에 지름길은 없다'는 뜻으로 들린다.

요즘 시대에는 특히 공감 능력과 사회에 대한 감수성도 중요해 보인다. 콘텐츠 매니저라면 자신의 선호나 취향과 상관없이, 적어도 세상이 어떻게 돌아가고 있는지 꾸준히 살피며 따뜻한 시선을 유지해야 한다. 독자들이 콘텐츠에 기대하는 수준은 이미 상당히 높아졌다.

콘텐츠 매니저의 기획 재료는 내부에 있다

미국의 데이터 분석 소프트웨어 기업 팔란티어 테크놀로지스(이하 팔란티어)의 문제 해결 방식은 온톨로지를 기반으로 한다. 온톨로지란 현실 세계의 사물, 사람, 사건 등을 디지털 데이터로 표현하고 서로의 관계를 연결한 일종의 '디지털 지도'다. 가령 '고객 A가 제품 B를 구매했고, 이 제품은 공장 C에서 생산됐다'는 식으로 개념과 관계를 정의해 두면, 흩어진 데이터를 맥락 속에서 파악하고 의사결정에 활용할 수 있다.

팔란티어에서 8년을 일한 엔지니어 나빌 쿠레시의 회고 글을 인상 깊게 읽었다. 그는 경제학자 타일러 코웬의 말을 빌려 "맥락은 희소한 것"[5]이라고 강조했다. 요구사항 목록만으로는 알 수 없는, 고객이 실제로 일하는 방식에 대한 암묵적 지식을 얻으려면 현장에 가야 한다는 뜻이다. 팔란티어에서는 "비행기부터 타고, 질문은 나중에"가 일종의 문화였다고 한다. 엔지니어를 고객사에 직접 파견하느라 한동안 출장비 지출이 통제 불능 수준이었지만, 10년에 걸친 학습 끝에 2022~2023년 흑자로 전환하며 결국 보상을 받았다.[6]

팔란티어가 가장 중요한 문제를 해결하기 위해 택한 방법은 '무엇'이 가장 중요한 문제인지부터 찾고 정의하는 일이었다. 고객사가 최선의 의사결정을 내리게 하려면 두 가지 전제 조건이 필요하다. 첫째, 모든 문제가 투명하게 드러나야 한다. 둘째, 문제의 우선순위를 정하는 기준을 모두가 납득해야 한다.[7] 언뜻 이상적으로 들릴 수도 있지만, 그만큼 내부 맥락을 투명하게 파악하는 게 중요하다는 의미다.

내부 데이터의 중요성은 2016년 성수동에서 열렸던 퍼블리 오프라인 행사에서도 들었다. 조직마다 상황이 다르기 때문에, 외부의 방식이나 데이터를 가져와 봤자 똑같이 작동하지 않는다. 아래는 행사 중 나온 대화의 일부다.

중요한 데이터는 외부의 소셜 데이터나 흔히 말하는 빅데이터 같은 것이 아니다. 새로운 데이터 시스템 없이도 모든 기업은 가장 중요한 정보를 어떻게든 기록해 오고 있었다. 어디에서 매출이 발생하며, 전표가 발생하고, 어느 점포에 어떤 제품이 많이 들지, 몇 점을 팔았는지 등의 정보가 그것이다.

가장 중요한 데이터는 이미 내부에 축적되고 있다. 단지 분석을 하지 않았을 뿐이다.[8]

콘텐츠 매니저에게 기획은 일의 시작이다. 모든 기

획이 통과되긴 어렵겠지만, 적어도 일이 되게끔 하는 방법은 존재한다. 처음에는 기발하거나 거창하고 특별한 기획으로 성과를 내고 능력을 증명하고 싶을 수 있지만, 기획의 기본이 되는 재료는 내부에 있는 경우가 많다. 팔란티어의 엔지니어가 굳이 비행기를 타고 고객사로 직접 출근하는 이유는 내부 맥락과 데이터를 파악해 무엇이 가장 중요한 문제인지 정의하기 위해서다. 기업 소속 콘텐츠 매니저라면 이미 회사의 아카이브에 접근할 수 있다. '맥락은 희소한 것'이라지만, 콘텐츠 매니저의 의지만 있다면 충분히 발견해 낼 수 있다. 내가 속한 조직의 문제가 무엇인지, 기업과 브랜드의 중요한 문제는 무엇인지 정의한 다음, 그 간극을 콘텐츠를 통해 어떤 식으로 좁혀 나갈지 고민해 보자. 그러다 보면 기획의 실마리가 풀릴 수 있다.

5

학습하기

: 콘텐츠 이후를 이해하는

플랫폼·비즈니스 감각

Content is King vs. Content isn't King

콘텐츠 매니저로서 이렇게 적어도 될지 모르겠지만, 콘텐츠는 더 이상 전부가 아니다. 무슨 말인지 자세히 설명해 보겠다.

빌 게이츠는 "콘텐츠가 왕이다"Content is King라는 말로 일찍부터 콘텐츠의 중요성을 강조했다. 그가 이 글을 쓴 시점은 1996년 1월. 1990년대 중반의 한국은 "대학교와 연구소에서만 제한적으로 사용되던 인터넷이 일반 회사와 가정에까지 보급"[9]되고 있었고, 넷스케이프와 (마이크로소프트의) 익스플로러가 웹 표준을 놓고 경쟁하던 때였다. 빌 게이츠는 저렴한 비용으로 전 세계에 콘텐츠를 유통하는 공급자가 몇 센트라도 사용료를 받는 시스템이 나올 것이며, 인터넷 속도가 빨라질수록 광고 시장도 더불어 커지리라고 내다봤다. 또한 인터넷은 앞으로 아이디어·경험·제품의 시장, 즉 '콘텐츠의 시장'으로 더욱 번창할 것이라고 강조했다.

30년이 지난 지금, 그의 상상은 대부분 현실이 되었다. 하나만 빼고 말이다. "콘텐츠는 왕이 아니다."Content isn't king 2017년 영국의 독립 애널리스트 베네딕트 에반스가 발행한 글의 제목이다. 베네딕트는 "이 시장은 양측에 플레이어가 너무 많아 누구도 우위를 점할 수 없는 다면시장"multi-sided market place이라며 새로운 의견을 제시했다. 누구나 손쉽게 콘텐츠를 만들고 미디어가 되면서, 콘텐츠를 모으고 연결하는 플랫폼의 힘이 전반적으로 커졌다. 어느 플랫폼이 절대적 우위를 차지하고 있다고 섣불리 꼽긴 어렵지만, 이렇게 말할 수 있겠다. "이제는 플랫폼이 왕이다."

이런 질문이 뒤따른다. 플랫폼은 어떻게 왕이 되었을까? 플랫폼과 레거시 미디어가 주도권을 다투는 사이에서, 오늘날 콘텐츠의 쓸모와 효용은 뭘까?

플랫폼, 미디어, 콘텐츠

플랫폼과 미디어의 관계부터 살펴보자. '플랫폼'은 여러 사람이 모여 게임을 하거나 정보를 교환하는 운동장과 같다. 그곳에서는 최상급 선수들이 경기를 펼치고 동호인들이 운동을 하고 장터가 열려 기념품이나 음식 등을 사고판다. '미디어'는 운동장 밖에서 경기 소식을 취재하고 중계하는 방송국이나 신문사다. '콘텐츠'는 운동장에서 열리는 경기나 공연, 이벤트로, 사람들에게 정보나 즐거움을 주며 운동장의 분위기를 띄우는 역할을 한다.

전 세계에 수많은 운동장이 있지만 이른바 메이저 대회가 열리는 운동장은 소수다. 테니스에서 4대 메이저 대회로 불리는 건 호주 오픈, 프랑스 오픈, 윔블던, US 오픈뿐이다. 플랫폼도 분야마다 선두 플랫폼이 있다. '에어비앤비'로 예약한 숙소까지 '우버'로 이동하고, '유튜브'나 '넷플릭스'에서 영상을 보고, '인스타그램'에서 우연히(?) 발견한 아이템을 '아마존'에서 쇼핑하거나 '구글'에서 검색하는 식이다.

운동장이 크고 근사할수록, 볼거리가 많고 즐거울수록, 그곳에는 더 많은 사람이 모여들었다. 반면에 덜 붐비는 운동장은 서서히 문을 닫았다. 언제부터인가 소수의 운동장만 남았고, 그들은 직접 모은 데이터와 기술력을 토대로 시설의 성능, 기능, 편의성, 접근성을 주기적으로 개선했다.

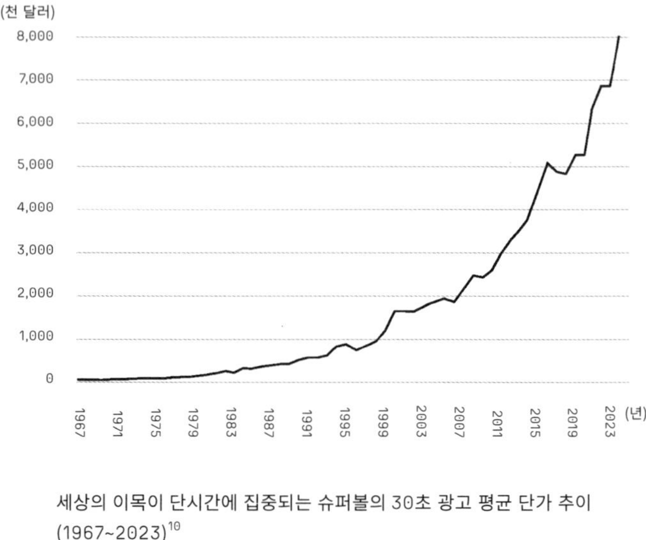

세상의 이목이 단시간에 집중되는 슈퍼볼의 30초 광고 평균 단가 추이 (1967~2023)[10]

운동장에서 정보를 전달하던 사람들의 파워는 상대적으로 약해졌다. 그동안은 제한된 중계권을 가진 이들만 독점적으로 경기 장면을 전했다면, 이제는 모두가 소셜 미디어를 통해 경기 장면을 실시간으로 내보낼 수 있는 시대가 되었다.

사람들이 콘텐츠를 대하는 태도도 달라졌다. TV·라디오·신문 등에서 일방향으로 경기 소식을 접하는 대신, 선수나 관중 또는 운동장(!)과 직접 소통하고, 때론 스스로 콘텐츠 생산자가 되어 함께 소통하는 즐거움을 알게 된 것이다. 자신의 소셜 미디어에 일상이나 연습 장면, 경기 후 소감 등을 직접 공개하는 선수는 호감을 사며 팬을 모았고, 운동장에서 벌어지는 다채로운 이야기를 전하는 관중에게도 관심이 쏠렸다.

콘텐츠는 흔해졌고 기술 발전 덕에 그걸 유통하는 비용은 0에 가까워졌다. 사람들의 관심과 시간을 끄는 데 성공한 콘텐츠에는 어김없이 돈이 따라붙었다. 광고주도 덩달아 바빠졌다. 레거시 미디어에 주로 붙던 광고는 사람들이 계속 모이는 운동장, 선수, 관중에게로 옮겨 가기 시작했고 운동장이 가장 큰 혜택을 누렸다. 일부 돈 많은 운동장 주인은 디지털 전환에 빠르게 대응하지 못한 방송사나 신문사를 인수하기도 했다. 그렇게 레거시 미디어와 플랫폼의 경계는 모호해졌다.

콘텐츠로 돈을 버는 방식이 변하고 있다

플랫폼과 레거시 미디어가 서로 견제하거나 의존하는 동안에도 콘텐츠는 꾸준히 사람을 모으고 연결하는 역할을 했다. 콘텐츠는 그 자체로 수익을 내기도 했지만, 점차 플랫폼의 수익 모델*에 기여하는 주요 요소가 되어 활용 범위를 넓혀 갔다. 이러한 현상은 내가 지난 10여 년 동안 콘텐츠를 다루며 경험해 온 일의 변화를 통해서도 관찰할 수 있다.

2016~2018: 크라우드 펀딩, 직접 판매, 구독 모델 구축

2016년 6월, 퍼블리에서 일하던 초반에는 보고서 형태의 디지털 콘텐츠를 독자들에게 직접 팔았다. 처음에는 기획안만 공개한 상태로 크라우드 펀딩을 시작했고, 보고서가 완성된 후에는 낱개 단위로 팔았다. 디지털 콘텐츠를 유료로 결제하여 보는 개념이 생소하던 때라 가격부터 대상 독자를 정하는 일까지 어느 하나 쉬운 게 없었다. 다행히 소수의 엘리트 독자가 퍼블리의 시도에 응원과 관심을 보였다. 그들을 위한 콘텐츠를 기획하고 상품을 팔았지만, 빠르게 성장해야 하는 스타트업에게 한국어 기반의 지식 콘텐츠 시장은 규모가 충분하지 않아 보였다.

이듬해 퍼블리는 구독 모델로 방향을 바꿨다. 구독은 생산자에 대한 신뢰를 전제로 하는 투자 행위와 비슷하다. 고객은 어떤 콘텐츠를 보게 될지 불확실한 상태에

---

* 크게 중개 수수료, 광고, 구독, 전자상거래(커머스), 제휴 마케팅, 프리미엄freemium(기본 기능은 무료로 제공하고 추가 기능이나 고급 서비스를 유료로 제공), 서비스형 소프트웨어SaaS 라이센싱, 크라우드 펀딩, 기부 등이 있다.

서 돈을 낸다. 구독료 대비 품질이 높은 콘텐츠를 꾸준히 제공한다는 신뢰를 주지 못하면, 그 모델은 실패할 수밖에 없다.

우리는 자체적으로 매력적인 콘텐츠를 만드는 동시에 양질의 외부 콘텐츠를 주기적으로 가져와 규모를 확장하고 또 다른 수익 모델을 확보하는 방안을 고민했다. 반응이 좋았던 몇몇 리포트를 출판사와 협업해 종이책으로 펴내고, 구독 모델이 자리 잡는 과도기에는 전문성과 신뢰도를 갖춘 해외 매체와 라이선스 계약도 맺었다. 큐레이션 콘텐츠를 전문 번역가와 감수자를 붙여 현지화했다. 각각의 콘텐츠와 연관된 오프라인 모임 상품도 기획해 판매했지만 콘텐츠에 투입한 총비용이 늘어나 스타트업에게 지속 가능한 방식은 아니었다.

퍼블리의 도전은 한국의 유료 콘텐츠 시장 확장에 기여했지만, 결과적으로 콘텐츠를 전면에 내세운 사업이 얼마나 어려운지 증명하는 여정이기도 했다.

2018~2020: 직접 판매, 애드버토리얼 및 브랜디드 콘텐츠 제작

2018년 10월, 『매거진 B』로 옮기면서 잡지 취재와 더

불어 새로운 단행본 사업 준비에 참여했다. 한동안 URL 링크와 접근 권한으로만 이뤄진 디지털 콘텐츠를 만들다가 물성이 있는 세계로 돌아오니 처음에는 모든 게 쉽게 느껴졌다. 책을 근사한 꼴로 만들고 공들여 사진을 찍어 소셜 미디어에 올리면 많은 사람들이 '좋아요'를 누르거나 책을 소유하고 싶은 욕망을 댓글로 표출했다. 그런데 막상 잡지나 단행본의 판매량을 확인해 보면 소셜 미디어와 온도차가 컸다. 초기 기획이나 마케팅의 문제일 수도 있지만 책이 과거보다 덜 팔리는 건 명백한 사실이었다.

출판업은 제조원가 관리가 중요하다. 매 프로젝트마다 지출 비용을 살펴보면 제작비와 유통비가 전체 비용의 50퍼센트가량을 차지했다. 원가를 많이 줄일 수 없다면 유통과 마케팅이라도 잘해야 했다.

새 책이 나올 때마다 유통 담당 직원과 함께 파주에 있는 대형 서점 본사를 찾아갔다. 서점의 자기계발/처세 담당 MD는 늘 자신감이 넘쳐 보였고, 실제로도 처세에 능했다. 나는 어색한 비즈니스 미소를 띤 채 MD와 협상했다.

"저희 출판사에서 잡지도 만드는 건 아시죠? 고정

독자층이 두터운 편인데요. 이번에 처음으로 단행본 시리즈를 내서 다들 기대 중이에요. 직업에 관한 인터뷰집인데요. 자기계발에 관심이 많은 직장인뿐 아니라 진로를 고민 중인 대학생에게도 이미 온라인에서 반응이 뜨거워요. 초도 배본* 물량을 평소보다 더 높여 주셨으면 합니다."

"흠, 어디 봅시다. (……) 초도 배본으로 ○○부 어떠세요? 대신 공급률**은 △△으로 하고요. 이번에 신간 광고도 같이 진행하시면, 공급률은 조율 가능해요."

"△△요? (너무 낮은데……) 잠시만요."

대형 서점은 단순히 책을 갖추어 놓고 파는 가게가 아니었다. 이들은 책이 깔리는 매대, 즉 오프라인 매장을 기반으로 얼마나 많은 독자에게 노출할지 결정하며 책의 판매량에 큰 영향을 미치는 플랫폼 사업자와 같은 힘을 지니고 있었다. 그 힘은 서점의 온라인몰까지 이어졌다.

『매거진 B』에서 일하는 동안, 여러 브랜드에서 자신들의 이야기를 정제된 콘텐츠로 만들고 싶다는 연락을 받기도 했다. 애드버토리얼advertorial, 나아가 브랜드가 직접 후원하는 콘텐츠branded content는 저물어 가는

---

* 출판사에서 책을 펴낸 후 서점이나 유통사에 처음으로 내보내는 물량.
** 출판사가 서점에 책을 납품하는 가격의 정가 대비 비율.

잡지 시장에서 선택이 아닌 생존을 위한 필수 수단이었다. 광고 목적으로 제작된 콘텐츠라도, 제대로만 기획하면 고정 수익원이 될 수 있었다.

한국언론진흥재단의 2024 「잡지산업 실태조사」에 따르면, 잡지 산업은 해마다 사업체 수, 발행잡지 종수, 호당 발행부수, 매출액, 지출액, 종사자 수, 온라인 서비스 제공 여부 등 모든 지표에서 내리막길을 걷고 있다.[11]

2020~2024: 비즈니스와 브랜드 커뮤니케이션에 직·간접적으로 기여

2020년 10월, 금융 슈퍼앱을 지향하는 핀테크 기업으로 출근하기 시작했다. 에디터 채용 공고를 통해 입사했는데, 얼마 지나지 않아 콘텐츠 매니저로 직함이 바뀌었다. 콘텐츠를 기획하고 만드는 일의 본질은 비슷하지만 일의 목적이 완전히 달라졌다.

그곳에서 일하는 동안 나는 콘텐츠를 직접 파는 대신 회사가 꾸리는 사업 전반을 간접적으로 돕는 방식으로 콘텐츠를 제작했고, 그러면서 콘텐츠가 플랫폼 비즈니스 안에서 얼마나 다양하게 활용되는지 알게 됐다. 내가 맡은 건 기업 블로그를 '브랜드 미디어'로 포지셔닝하여 독자를 모으고 이를 소셜 미디어로 확산하는 일이었지만, 이는 콘텐츠 매니저의 업무 중 극히 일부였다.

플랫폼 비즈니스에서 콘텐츠의 목적은 크게 세 가지로 나뉘며(광고의 목적과도 유사하다), 콘텐츠 매니저는 목적에 따라 다양한 활동을 하게 된다. 그 밖에도 회사의 경영 환경에 따라 채용, 비즈니스, 상장 준비 등 더 신경 써야 하는 부분이 있으면 콘텐츠 전략은 언제든 바뀔 수 있다.

다음은 콘텐츠의 목적에 따른 콘텐츠 매니저의 활동 예시다.

- 더 많은 고객에게 닿기: (현재 앱을 사용하지 않거나 아직 서비스에 가입하지 않은) 누구나 접근할 수 있는 웹 블로그, 뉴스레터, 소셜 미디어 운영 등. 고객 유형(개인, 사업자, 광고주 등)에 따라 별도의 채널을 개설해 검색엔진 최적화SEO까지 고려한다.
- 브랜드 인지도 및 선호도 높이기: 대규모의 브랜드 캠페인 기획 및 운영, 특정 직군별 컨퍼런스 운영, 개별 소셜 미디어 문법에 어울리는 독자적인 콘텐츠 운영 등

- 한 번 온 고객이 계속 오게 하기: 쉴 틈 없이 쏟아지는 앱 푸시 알림, 뉴스 등 정보성 콘텐츠의 주기적인 발송, 앱 내 커뮤니티 운영 등

콘텐츠 매니저 혼자 이 모든 일을 하는 건 아니다. 각 활동은 기본적으로 다양한 직무 간의 협업을 통해 진행한다. 제품이나 서비스 영역이 명확한 경우, 권한과 책임을 가진 프로덕트 오너PO가 프로젝트를 주도하기도 한다. 콘텐츠는 끊임없는 실험과 고객 반응 분석 등을 통해 목적에 가까워지는 방향으로 개선된다.

플랫폼의 여러 사업부와 서비스마다 콘텐츠의 존재감이 커지면서 질문이 생겼다. 앱 화면 아래에 있는 탭 중 하나를 아예 콘텐츠만을 위한 구역으로 고정하는 건 어떨까? 고객 관점에서 콘텐츠를 한눈에 보기 편하니 앱을 더 자주 열고, 플랫폼 사업자 관점에서는 월간 활성 이용자 수MAU나 체류 시간 증가에도 도움이 되지 않을까?

타 서비스 중에는 하단에 콘텐츠 탭을 배치한 사례가 있었다. 비즈니스 콘텐츠 큐레이션 서비스 '리멤버 나우'와 카카오의 콘텐츠 구독 서비스 '뷰'* 등인데, 회

＊ 현재는 둘 다 하단 탭에서 빠졌다. 리멤버는 '프롤로그'란 이름으로 다른 콘텐츠를 만들고 있고, 카카오는 2023년 11월에 뷰 서비스를 종료했다.

사 내부에서도 비슷한 논의가 있었지만 실행하지 않기로 했다. 콘텐츠만을 위한 자리로 할당하기에는 탭 하나가 지닌 기회비용이 너무 컸기 때문이다. 플랫폼 관점에서 접근하면 답은 명확했다. 각 탭은 고객의 편의를 고려하면서 수익을 극대화해야 했다. 따라서 수익을 조금이라도 더, 직접적으로 낼 수 있는 기능으로 하단 탭을 구성하는 것이 합리적이었다.

기존 미디어의 비즈니스와 달리, 플랫폼은 콘텐츠를 직접 팔지 않는다. 콘텐츠를 파는 대신 앱 또는 웹 곳곳에 콘텐츠를 넣어 비즈니스를 위한 연결 고리로 활용한다. 가령 대출 만기가 다가온 고객에게 앱 푸시 알림을 보내 대출 관련 콘텐츠를 보여 주고, 보다 금리가 낮은 대출 상품이 있는지 비교해 보라고 넌지시 알려 주는 식이다. 롱폼 콘텐츠는 30초~1분 내외의 숏폼 영상 또는 O/X 퀴즈 형태로 변형해 내보낸다. 이런 형식의 콘텐츠에 사용자가 쉽게 반응하기 때문이다.

콘텐츠를 직접 만드는 대신 외부에 있는 걸 그대로 가져와 보여 주기만 하는 서비스도 있었다. 팀원이 공들여 기업 블로그에 발행한 아티클이 몇 분 또는 몇 시간 뒤 타사의 콘텐츠 큐레이션 서비스 메인 화면에 노출됐

앱 화면 아래에 있는 탭은 현재 그 기업이 주력하는 사업 또는 주요
기능을 대변한다. 일부는 사용자 A/B 테스트를 통해 실험을 진행하고
개선 결과를 반영하기도 한다. 앱의 메인 화면은 개인의 관심과 행동을
바탕으로 사용자 맞춤형으로 바뀌는 추세다.

다. '재주는 곰이 부리고 돈은 되놈이 번다'는 속담이 떠올랐는데, 냉정하게 생각해 보면 (지적재산권이나 전송권 등에 문제가 없다는 가정 아래) 해당 서비스는 그들 나름대로 플랫폼 전략에 충실한 셈이었다. 자신들이 직접 만드는 대신, 큐레이션한 외부 콘텐츠로 끌어모은 트래픽을 기반으로, 잠재 구독자층이 관심 가질 만한 스타트업 채용 서비스, 디스플레이 광고 등을 붙이고 있는 걸로 보였다.

지금까지 적은 내용은 내 경험에 기반하며, 이제껏 내가 속한 회사의 사업 방향이나 산업 특성을 반영하고 있다. 따라서 독자마다 체감하는 바는 다를 수 있다.

그런데 개인을 넘어 사회 전반 그리고 콘텐츠 매니저에게도 큰 영향을 준 두 가지 변화가 진행 중이었다.

변화1 : 빅테크와 소셜 미디어의 부상

소셜 미디어의 힘이 점점 커지고 있다. 독일 시장조사기관 스태티스타에 따르면, 2024년 기준으로 전 세계 사람들은 소셜 미디어 및 메신저에 하루 평균 2시간 23분을 쓴다. 하루 여가 시간의 절반가량을 소셜 네트워킹에 쓴다는 말인데, 이는 자본/노동력/정보/지식이 넘쳐나

＊ 인간의 주의력을 희소한 상품이자 자원으로 보고 다양한 정보 관리 문제와 경제 현상을 설명하려는 경제학 이론이자 접근법. 노벨상을 받은 경제학자 허버트 사이먼이 1971년에 처음 사용하며 이론화했다.

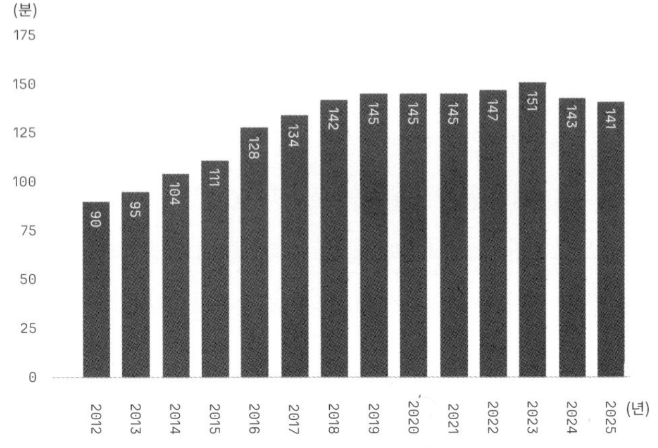

전 세계 인터넷 사용자가 하루 중 SNS에 사용하는 시간 추이
(2012~2025년)[12]

는 관심 경제attention economics* 사회의 유일한 희소 자원인 관심(주의력)을 소셜 미디어가 빨아들이고 있다는 뜻이다.

사람들의 관심이 모이는 곳에 광고가 붙고, 광고가 붙으면 돈이 된다. 관심은 언제든 수익으로 바꿀 수 있는 자본인 셈이다. 그 혜택을 받은 대표적인 곳이 페이스북, 인스타그램, 왓츠앱을 보유한 빅테크 기업 메타다. 최근 10년 동안 TV와 극장에 집행된 광고 예산은 줄어든 반면 메타의 광고 매출은 늘어났다는 사실을 보면 이제 어디로 관심이 몰리고 있는지 알 수 있다.

소셜 미디어는 이제 검색과 영상(케이블 및 위성 TV, 커넥티드 TV 포함)을 제치고 세계에서 가장 큰 광고 채널이 됐다. 글로벌 마케팅 조사기관 WARC와 메타의 2024년 실적 자료에 따르면, 메타 단일 기업의 연간 광고 매출이 약 1600억 달러를 돌파하며 전 세계 모든 리니어 TV 광고비 합계(약 1440억 달러)를 최초로 추월했다. 이는 불특정 다수를 향해 소리치던 방송의 시대가 저물고, 정교한 데이터 알고리즘이 개개인의 취향과 맥락을 파고드는 초개인화 미디어의 시대가 도래했음을 보여 주는 상징적인 사건이다.[13]

부작용도 커졌다. 소셜 미디어는 더 이상 '소셜'하지 않다. 소셜 미디어는 (레거시) 미디어를 대체 중이며, 특정 기업에 대한 이미지부터 정치 여론 형성에까지 큰 영향을 미친다. 그 과정에서 거짓 정보, 가짜 뉴스가 확산하는 문제가 발생하고 있다. 스콧 갤러웨이 교수가 2020년 7월 자신의 블로그에 쓴 글에 따르면, 페이스북은 '덜 신뢰할 만한 뉴스 소스'로 연결하는 경향이 강하다.

일련의 변화는 콘텐츠 매니저에게 어떤 영향을 미

칠까? 우선 콘텐츠 매니저의 업무 범위에 소셜 미디어 운영이 포함된다. 플랫폼의 소셜 미디어 운영 정책이 바뀔 때마다 무엇이 중요한지도 빠르게 학습해야 한다. 자극적인 콘텐츠 속에서 기업과 브랜드의 메시지를 어떤 태도로 전해야 하는지도 과제다. 그런데 국내 기업 중 소셜 미디어를 정말 잘 운영한 모범 사례는 드물고, 재미만 추구하다가 망한 오답은 종종 있다. 그러니 어쩌면 기업 입장에서는 리스크를 부담하는 대신, 차라리 소신 있게 소셜 미디어를 운영하지 않겠다고 선언하는 게 나을 수도 있다.

변화2 : 매크로 환경의 변화

40여 년 동안 지속된 금리 인하가 끝나고 금리가 오르고 있다. 결정적 계기는 2020~2022년 코로나 팬데믹이었다. 불확실성에 대응하고자 미국을 비롯한 각국 정부는 엄청난 규모로 돈을 풀었고, 시중에 풀린 돈은 주택 가격을 비롯하여 전반적인 소비자물가지수를 높이는 부작용을 낳았다. 물이 줄줄 흐르는 수도꼭지를 다시 잠가야 하는 상황이다. 사실상 제로에 가까웠던(0.25퍼센트) 미국의 기준 금리는 2022년 3월을 기점으로 이

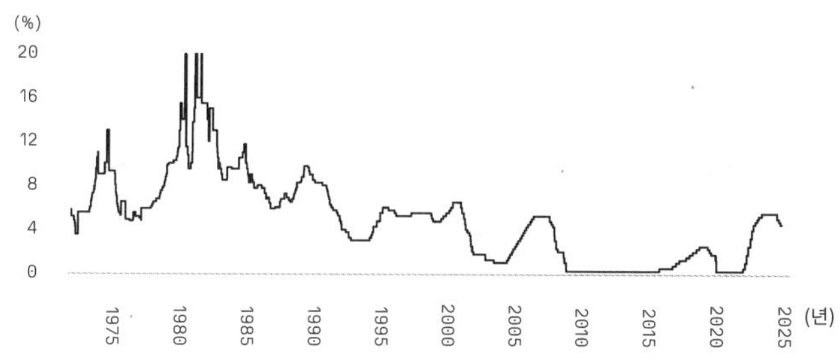

1971년 8월부터 2025년 1월까지의 미 연준 금리 추이. 코로나 이후 최근 3년을 놓고 보면, 사실상 0퍼센트 수준에 가까웠던 제로금리 시대가 끝나고 금리가 다시 오르는 추세다.[14]

후 3년간 오름세를 보이며 2025년에는 세계 금융 위기(2007~2008년) 전 수준(5.5퍼센트)까지 회복했다. 2026년 1월, 미국의 기준 금리는 3.75퍼센트다.

금리 인상이 콘텐츠 매니저에게 무슨 영향을 주느냐고? 금리는 우리의 상상 이상으로 세상에 많은 변화를 가져온다. 단순히 대출 이자율뿐 아니라 기업의 투자나 고용 규모, 자산 가격을 비롯해 전세와 월세에까지 영향을 미친다.

저금리 시대에는 시장에 돈이 넘쳐났다. 많은 스타트업이 자본 자체를 '경제적 해자'economic moat로 추구했고, 특별한 기술이나 비즈니스 모델 없이도 돈 자체를 차별점으로 삼을 수 있었다. 일단 자금을 쏟아부어 고객을 모으고, 락인lock-in한 뒤 수익을 내겠다는 전략이다.

저금리에서 중금리로의 전환은 이런 전략을 무력화한다. 기업 차원에서는 매출과 영업이익, 현금 흐름이 중요해지고, 그 압박은 콘텐츠 매니저에게도 전해진다. 불필요한 비용을 줄이고 적은 예산으로 효율을 내는 방향으로 기획해야 한다.

사람들의 소비 심리도 위축된다. 따라서 사용자 유입 및 유지 전략에도 변화가 필요하다. 내부 데이터를 활용해 사람들의 니즈와 패턴을 정확히 파악한 다음 명확한 가치를 줄 수 있는 콘텐츠를 기획하거나, 플랫폼의 제휴 파트너와 스폰서십 콘텐츠를 제작하는 등 콘텐츠를 통한 수익 다각화를 고려해야 할 수 있다.

콘텐츠의 쓸모와 함정

정작 콘텐츠 매니저로 일할 때는 변화가 무엇을 의미하는지, 어떤 영향을 미치는지 제대로 알지 못했다. 나무를 열심히 베는 사람은 숲을 볼 여력이 없다. 어디선가 산불이 났는데, 그 불씨가 내 옷에도 옮겨 붙고 있는 줄 몰랐다. 이렇게 글로 정리하는 기회가 주어진 덕분에 뒤늦게 깨달았을 뿐이다.

초기의 플랫폼은 승강장처럼 물리 공간이나 특정 용도를 지원하는 기술 기반을 의미했다. 이제 플랫폼은 하드웨어와 소프트웨어를 넘어 앱스토어나 소셜 미디어처럼 생태계를 지칭하는 개념으로 확장되고 있다. 플랫폼 비즈니스의 핵심이 '연결'에 있기 때문에 가능한 확장이다.

플랫폼의 진화는 인터넷이 탄생하고 작동해 온 역사의 축소판이기도 하다. 인터넷도 처음에는 메인프레임 컴퓨터와 단말기의 연결에서 시작했다. 점(노드)과 점(노드)을 연결해 패킷 단위의 데이터를 주고받다가, 원격 통신 기술이 발전하면서 전 세계적인 통신망이 되었다.

인터넷을 구성하는 레이어의 최상단은 그걸 실제로 사용하고 만드는 사람이고, 그 바로 아래에 콘텐츠 레이어가 존재한다. 사람들은 콘텐츠를 만들고, 소비하고, 검열한다. 웹 기반 플랫폼, 메시징 앱, 이메일 등의 애플리케이션 레이어에서는 쉴 새 없이 콘텐츠를 배포한다. 콘텐츠는 운동장 위를 둥둥 떠다니는 공기와 같

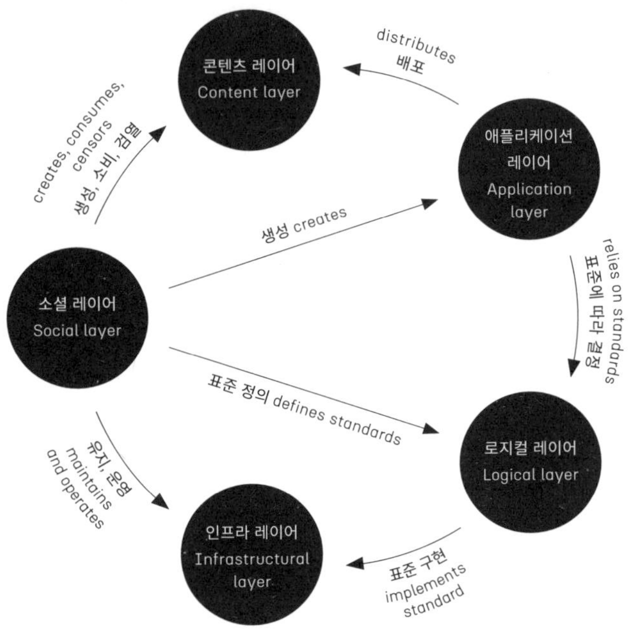

인터넷은 크게 다섯 가지(소셜, 콘텐츠, 애플리케이션, 로지컬, 인프라) 레이어로 구성되고, 서로 층층이 쌓여 상호작용하며 통제하고 있다.[15]

고, 사용자의 참여를 촉진하는 연료 역할을 한다. 콘텐츠의 쓸모 역시 연결이다.

모든 게 연결되면 어떤 일이 펼쳐질까? 많은 플랫폼 기업이 연결을 통해 세상을 이롭게 하겠다는 미션을 뽐내지만, 현실은 조금 다르다. 플랫폼 기업을 둘러싸고 진행 중인 반독점 소송들이 이를 증명한다. 플랫폼 기업은 연결을 통해 시장 독점을 원한다. 그래야 생존할 수 있다. 플랫폼 비즈니스는 네트워크 효과와 규모의 경제를 통해 사업을 지속할 수 있고, 그 과정의 결과는 승자 독식이다. 여기에 AI 기술 발전까지 더해지면서 새로운 경쟁도 진행 중이다.

콘텐츠 매니저의 일이 거인의 어깨에 올라서서 민들레 꽃씨를 부는 것처럼 느껴질 때가 있다. 세상이 이렇게 시끄러운데, 내가 하는 일이 여기에 소음을 더하는 건 아닌지 의심한 적도 있었다. 한편으론 그래서 더욱 꽃씨의 품질에 집중했다. 모두가 콘텐츠 품질을 놓치면 안 된다고 하니, 그저 내가 해야 할 일만 잘하면 충분하다고 생각했다. 『콘텐츠의 미래』를 쓴 바라트 아난드의 말처럼 한동안 '콘텐츠의 함정'content trap*에 빠져 있었다.

그런데 민들레 꽃씨를 부는 일의 본질은 뭘까? 씨앗이 멀리 잘 날아가고, 필요한 땅에 잘 닿아서 싹을 틔우게끔 하는 것이다. 그렇게 되려면 바람이 부는 방향 정도는 알아야 한다. 역풍 앞에서는 아무리 좋은 씨앗을 날려 봤자 소용없다. 그리고 기왕이면 내 가치관과 맞는

생태계를 위해 꽃씨를 부는 게 좋다. 그러려면 플랫폼 비즈니스와 이 생태계의 변화에 촉을 세우며 부지런히 학습하는 수밖에 없다.

콘텐츠는 더 이상 만능이 아니다. 아니, 만능이었던 때가 과연 있었는지 모르겠다. 모두가 미디어가 된 시대에 콘텐츠의 입지는 좁아져 가는 게 사실이다. 대신 콘텐츠가 지닌 연결의 힘은 더욱 강해지고 있다. 이제는 콘텐츠를 직접 기획하고, 직접 만들지(혹은 제작은 외주화하거나 외부와 제휴할지) 판단해야 한다. 이미 잘 만들어진 걸 유통하는 것도 유효한 전략이다. 누구도 대체할 수 없는 독보적인 콘텐츠를 만드는 크리에이터가 될 것인가, 또는 콘텐츠를 정말 잘 연결하는 유통업자가 될 것인가. 콘텐츠 매니저의 고민은 깊어진다.

6

협업하기

: 저자를 비즈니스 파트너로

구워삶는 커뮤니케이션

"플랫폼 사업자가 기업과 고객 사이에서 꿀 빠는 것 같죠? 현실은 그렇지 않습니다. 두 고래 사이에서 등 터지는 새우 역할을 한다고 보시면 돼요."

10년 전 어느 저자에게 들은 말을 아직도 기억한다. 당시 그는 국내 대표 IT 기업 소속으로, 신흥 모바일 기업과 포털 1세대 기업이 합병하는 현장에서 모빌리티 사업 확장을 위한 전략을 짜고 있었다. 말이 좋아서 전략이지, 전국에 흩어져 있는 택시운송사업조합을 일일이 찾아가 택시 기사들을 설득하며 욕을 먹고, 한편으론 고객을 찾아가 무엇이 불편한지 의견을 듣는 게 일상이라고 덧붙였다.

그의 말을 들으며 저자와 독자, 회사(서비스/브랜드)와 고객 사이에서 콘텐츠를 매개로 일하는 내 상황을 떠올렸다. 상황과 맥락을 잘 모르는 사람 눈에는, 내가 하는 일도 남이 쓴 글을 그대로 토스하며 중간에서

'꿀 빠는 것'처럼 보일 수 있겠다는 생각이 들었다. 꿀을 빨기는커녕 두 집단의 복잡한 니즈 사이에서 속이 터지고 있었는데 말이다. 이번에는 저자에 관한 내용이다. 왜 '구워삶는다'는 표현을 썼는지는 뒤에 따로 적겠다.

콘텐츠 매니저가 모든 콘텐츠를 만들 수는 없다. 아무리 손이 빠른 사람이라도 만들어 낼 수 있는 콘텐츠의 깊이와 양에는 한계가 있고, 자기 복제 우려가 있다. 그래서 기업 내부를 취재하거나 보안에 민감한 사안을 다룰 때는 인하우스 콘텐츠 매니저가 직접 참여하지만, 나머지 영역에서는 전문성과 경험을 갖춘 저자와 협업하는 게 효과적이다. 저자는 '글로 써서 책을 지어낸 사람'을 뜻하지만, 출간 경험이 없더라도 특정 자격 요건을 갖춘 외부 필자를 아우른다. 콘텐츠 매니저가 방향을 잡고 기획한 주제를 글로 잘 풀어낼 수 있는 사람이면 충분하다.

저자는 회사 밖 동료와 같다. 원고를 청탁하고 고료를 지불하는 관계를 넘어 회사가 저자를 통해 메시지를 발신하므로, 저자의 콘텐츠는 회사의 브랜드와 서비스 이미지에 영향을 미친다. 반대의 경우도 마찬가지다. 각자의 인지도, 이미지, 신뢰 자산을 활용하므로 상호 간신의 성실의 원칙*은 기본이다.

E-E-A-T를 갖춘 저자 찾기

회사가 바라는 저자는 어떤 모습일까? 질문을 바꿔 보자. 어떻게 하면 저자가 만들어 낸 콘텐츠가 조직의 목표 달성이나 서비스/브랜드의 성장에 기여할 수 있을까? 어떻게 하면 저자의 콘텐츠를 통해 조직이 더 많은 고객에게 알려지거나 호감을 사거나 호기심을 유발해 계속 오게 할 수 있을까?

첫 단추는 발견이다. 우선 저자의 콘텐츠가 잘 발견되게끔 해야 한다. 저자가 쓴 글을 웹/모바일 환경의 블로그에 발행한다면, SEO 측면에서 높은 평가를 받을수록 유리하다.

모든 SEO는 자사 페이지가 '검색 결과 첫 번째 페이지 상단'에 뜨는 것이 목표다. 검색 순위가 높으면 높을수록 굳이 광고비를 쓰지 않아도 자연스러운 검색을 통해 트래픽의 양과 질을 극대화할 수 있다. 단순히 계산하면, 검색 결과 첫 페이지 맨 위에 광고를 띄우는 비용보다 저자와 콘텐츠 매니저에게 투입한 비용이 더 저

---

* 계약 관계에 있는 당사자들이 권리를 행사하거나 의무를 이행할 때 상대방의 정당한 이익을 배려해야 하고 신뢰를 저버리지 않도록 행동해야 한다는 원칙.

렴하면 된다. 그러면 비용이 절감될 뿐 아니라 그 콘텐츠에도 장기적으로 투자할 만한 가치가 있다고 판단된다. 콘텐츠 매니저는 이런 결과를 낼 수 있는 저자를 찾아야 한다. (물론 저자를 활용한 모든 콘텐츠가 SEO를 목표로 하는 건 아니다.)

그렇다면 어떤 글이 높은 검색 순위를 차지할까? 이는 구글이 '무엇이 좋은 콘텐츠인가'에 대해 자체적으로 정리한 180페이지 분량의 「검색 품질 평가자 가이드라인」을 통해 엿볼 수 있다. 가이드라인에는 검색 순위에 영향을 미치는 주요 요소로 경험Experience, 전문성Expertise, 권위Authoritative, 신뢰성Trust의 앞 글자를 딴 개념 E-E-A-T가 등장한다.

가이드라인에 따르면, 경험은 직접 해 본 사람만이 쓸 수 있는 내용이다. 가전제품 리뷰든 여행 후기든, 실제 경험에서 나온 글은 품질을 높인다. 전문성은 주제를 제대로 다룰 수 있는 지식 수준을 말한다. 권위는 해당 정보의 정식 출처인지를 본다. 세금 정보라면 국세청, 지역 맛집이라면 그 동네에서 신뢰받는 블로그가 권위 있는 출처가 될 수 있다. 신뢰는 정보의 정확성과 투명성이다. 제품 리뷰나 조언을 다루는 콘텐츠라면 신뢰가 바탕이 되어야 한다.

또한 구글은 개인의 건강이나 안전, 재정적 안정성, 사회적 이슈, 복지 등과 연관된 내용을 YMYL(Your Money or Your Life) 주제로 따로 분류하고, E-E-A-T를 더 엄격하게 적용한다. 해당 정보가 조금이라도 정확하지 않으면 사용자에게 명백히 해를 끼칠 수 있기 때문이다. 만약 콘텐츠 매니저가 다루는 주제가 YMYL에 해당한다면, 저자의 경험, 전문성, 권위, 신뢰성을 더 꼼꼼하게 살펴야 한다. 이런 저자는 어떻게 찾을까?

미안하지만, 답은 그리 간단하지 않다. 늘 사람들이 줄을 서는 맛집에서 절대로 알려 주지 않는 양념 레시피처럼 콘텐츠 매니저의 영업 기밀이라서 밝히지 않는 게 아니다. 나 또한 매번 시행착오를 겪으며 저자를 찾아 헤매는 편이다.

뻔한 소리일 수 있지만, 나도 매번 내 모든 레이더와 네트워크를 활용한다. 가령 특정 주제를 다룰 저자를 찾는 상황이면 해당 주제를 이미 다룬 적이 있는 신문, 잡지, 단행본의 필자 목록을 낱낱이 살펴본다. 레거시 미디어 역시 자체 검증을 거쳤을 테니, 칼럼을 기고했던 사람이라면 좀 더 신뢰도가 높다. 소셜 미디어에서 검색을 해 보고 그 분야에 접점이 있는 사람을 찾아가 추천받기도 한다.

이보다 중요한 건 평소에도 저자가 될 만한 잠재 후보를 알아 두는 습관을 갖추는 것이다. 15년쯤 소셜 미디어를 하다 보니, 특정 분야에 관한 인사이트나 독창적인 관점을 지닌 사람을 발견하면 별 목적이 없어도 일단 팔로우한다. 짧게는 몇 개월, 길게는 몇 년 동안 이들이 쓰는 글을 읽으면 자연스럽게 E-E-A-T를 주관적으로 살필 수 있다. 그러다 내가 기획하려는 주제에 걸맞은 후보가 떠오르면 연락하는 식이다.

소셜 미디어를 나만큼이나 오래 해 온 중앙일보 멤버십의 도헌정 팀장도 비슷한 언급을 한 적이 있다. 그의 글을 읽으며 공감하지 않을 수 없었다.

분야별로 트렌드를 이끌고 전문성을 가진 인물을 팔로잉하다 보면 어떤 비즈니스가 뜨고 지는지, 업계의 흐름도 눈에 들어왔다. 양질의 콘텐츠는 결국 사람에게서 나온다. 그러므로 가장 중요한 것은 '인물'이다. 에디터라면 유니크한 콘텐츠를 가진 인물들을 많이 기억해 두는 게 더 도움이 된다. (……) 얼마나 넓고 퀄리티 있는 인력 풀을 갖고 있느냐가 기획의 속도로 이어진다. 이들을 연결하는 스피드와 각이 콘텐츠 흥행 여부를 결정한다. 어찌 보면 캐스팅 디렉터나 헤드헌터의 역할과도 비슷한 면이 있다. 특히 다양한 인사들의 특성을 파악해서 머릿속에 '나만의 인물 맵'을 확장하는 게 중요하다. 적재적소에 매칭해 콘텐츠를 기획할 수 있기 때문이다.[16]

저자를 한 번도 본 적이 없다면, 정식으로 섭외하기 전에 미리 만나 보기를 권한다. 비대면 미팅보다 대면 미팅을 통해 더 많은 정보를 얻을 수 있다. 일하는 현장을 찾아가 그 회사에 근무하는 게 맞는지, 신원은 확실한지, 어떤 성향인지 등 단서를 수집할 수 있다. 한 번이라도 얼굴을 마주 보고 대화한 사이라면 추후 비대면으로 커뮤니케이션할 때 협업도 수월하다.

저자가 무얼 기대하는지도 물어보자. 정기 연재를 마친 뒤 그 원고로 출판할 계획이 있는지, 다양한 독자를 만나고 싶은지, 고정적인 부수입을 원하는지 등을 알면 섭외 성공률이 높아진다. 돈 이야기도 먼저 꺼내는 게 깔끔하다. 개인적으로 브랜드 미디어의 고료는 잡지사보다 높아야 한다는 입장이다.* 고료에는 저자의 글이 기업의 다양한 채널에 활용되는 비용도 포함된다.

---

* 잡지사는 혹 고료가 적더라도 정기간행물 유통을 통해 축적한 매체 인지도라도 있지 않나. 물론 콘텐츠 매니저가 속한 회사 사정이 잡지사 형편보다 낫다는 걸 전제로 한다.

섭외 메일에는 충분한 정보를 담자

이제 섭외 메일을 쓸 차례다. 섭외 메일을 쓸 때면 회사나 서비스에 대한 안내와 더불어, 어떤 의도로 콘텐츠를 만드는지 꼭 밝힌다. 브랜드 미디어에서 콘텐츠를 만드는 배경을 저자도 인지하고 있어야 기획 의도에 충실한 글이 나온다.

다음은 토스의 브랜드 미디어 토스피드에서 '투자의 환상과 진실'이란 시리즈로 연재를 진행한 저자에게 보냈던 섭외 메일 일부다.

안녕하세요.

토스에서 콘텐츠를 만들고 있는 손현입니다.

지난 미팅 때 미리 말씀드린 것처럼, 올해 상반기를 목표로 칼럼 기고를 부탁드리려고 해요. 이와 연계하여,

- 간단히 회사 및 원고 청탁 배경을 설명드리고,
- 구체적인 기획 방향 및 진행 과정을 논의하고자 합니다.

1. 회사 소개 및 원고 청탁 배경

(……) 사업 범위가 넓어짐에 따라 고객 층도 넓어졌고요. 고객의 니즈에 맞춰 보다 다양한 콘텐츠가 필요한 상황이에요. 그동안 기업 블로그 및 외부 채널을 통해 저희 서비스를

소개하거나 채용 목적의 임직원 인터뷰 등을 발행해 왔다면, 올해부터 거시경제, 투자, 스타트업 조직문화, 핀테크 영역으로도 카테고리를 넓힐 예정입니다.

2. 기획 방향 및 진행 과정

이런 배경을 참고하여 기고하실 칼럼의 주제를 살펴 주시면 좋겠습니다. 원고 분량 및 비용, 일정 관련 내용도 덧붙입니다.

주제: 투자가의 일(또는 투자가의 착각)

세부 주제나 아이템은 모두 열려 있으니, 대략의 컨셉이나 아이템을 미리 알려 주시면 좋겠습니다. 보내 주신 내용을 토대로 제가 첫 글 발행 전에, 외부 칼럼 시리즈 연재를 소개하는 포스트를 먼저 내보내려고 합니다.

주 독자층

(……) 기본적으로 토스라는 서비스에 관심 있는 사람들이 찾지만 요즘은 검색 등을 통해 비즈니스/경제/투자 영역에 관심 있는 대중도 종종 방문하는 걸로 보여요. 나이나 직업, 금융에 대한 지식 수준이 모두 다르겠지만, 각자의 위치에서 모두 얻어 갈 점이 있을 거라고 생각합니다. 너무 눈높이를 낮추기보다는, 중상급 수준으로 생각하셔도 되겠습니다. (아

마 제 선에서 원고를 보면서 이해가 어려운 부분이 있다면
편집자 주석을 달거나 따로 질문을 드릴 것 같습니다.)

원고 관련

- 분량: 공백 포함 3,000~5,000자 (신문이나 잡지보다는 분
  량 제한이 덜한 편입니다만, 모바일에서 읽는 독자를 고려하
  여 이 정도 분량이면 될 것 같습니다.)
- 별도로 그래픽 또는 일러스트 작업이 필요한 차트/다이어그
  램이 있다면 미리 알려 주세요. 디자이너와 상의하여 먼저
  작업 가능합니다.

사례금

- 원고당 00만 원(세금 포함)
- 마감하는 월 기준으로 익월 중 지급
- 계약서 초안도 메일에 첨부합니다.

마감 일정

- 아이템 공유: 20XX년 X월 첫째 주 중
- 원고 마감: 매달 셋째 주 금요일(첫 원고는 X/XX) 오전 중

마감 후 일정

- 원고 접수 후 3일 내 편집

– 저자 최종 확인 후 발행

추가 요청 사항
– 저자 프로필 사진(넉넉히 2~3개 부탁드려요)
– 프로필 문구

첨부 파일
1. 회사 소개서
2. 계약서 초안 및 기고 가이드라인
3. 외부 칼럼 소개 이미지 참고

여러 저자를 동시에 섭외하는 경우, 어떤 후보들을 잠정적으로 고려 중인지 라인업 초안을 공유하기도 했다. 저자 입장에서 스스로 어느 집단에 속하는지 궁금해하는 경우가 종종 있었고, 섭외 성공률을 높이는 데에도 효과적이었다.

저자 섭외는 구애 과정과 비슷하지만 너무 간절할 필요는 없다. 콘텐츠 매니저의 의지나 정성과 상관없이 복잡한 외부 사정 탓에 섭외가 되지 않는 경우도 있다. 그러면 빠르게 다음 후보를 찾는 게 낫다.

섭외까지 성공했다면 큰 고비는 넘었다. 저자가 글을 쓰도록 독려하면 된다. 다만 문제가 하나 있다. 경험, 전문성, 권위, 신뢰성을 갖춘 유능한 저자라면 현업(현재 종사하는 직업 또는 사업)에서도 대체로 바쁘다. 경험상 일정을 잘 지키는 저자는 극소수였다. 저자가 부담을 느끼지 않는 선에서, 원고의 진행 상황을 미리 확인하는 게 안전하다.

저자가 보낸 원고에 숫자나 고유명사가 등장한다면, 콘텐츠 매니저가 편집하면서 한 번씩 다시 확인해야 한다. 해당 분야에서 오래 일해 온 전문가라도 팩트가 틀리는 경우가 은근히 있다. 저자를 신뢰하되, 저자의 글을 덥석 믿진 말자. 저자의 바이라인이 달린 글이라도 발행한 원고에 오류가 있다면 콘텐츠 매니저에게도 책임이 있다.

내부 검토와 SEO를 거쳐 콘텐츠를 발행했다면 일단 박수를 보낸다. 새로운 시작이다. 콘텐츠가 널리 퍼지도록 여러 채널을 통해 알려야 한다. 영향력 있는 저자라면 함께 홍보하자고 요청하는 것도 방법이다. ('인플루언서'로 불리는 사람들은 계약할 때 세부 홍보 조건을 미리 협의하기도 한다.) 이런 과정까지 세심하게 설계한 조직이라면 저자를 위해 콘텐츠를 알릴 때 간단히 들어갈 문구나 이미지를 미리 제공하기도 한다.

돌이켜 보면 내가 (콘텐츠 매니저가 아닌 다른 플랫폼의 저자로서) 모두 경험했던 사례다. 배달의민족이 발행하는 뉴스레터 '주간 배짱이'의 저자로 참여해 푸드 에세이를 쓴 적이 있다. 여러 명의 저자가 번갈아 가며 푸드 에세이를 기고했고, 해당 원고는 나중에 『요즘 사는 맛』이라는 단행본으로 출판됐다. 신간이 나올 무렵, 배달의민족에서는 저자들에게 미리 정성 들여 찍은 책의 고화질 사진을 따로 전달했고 나중에는 책에 언급된 음식들을 큐레이션한 선물을 손편지와 함께 주기도 했다. 그 정성을 받고 홍보하지 않을 도리가 없었다. 브런치스토리 또한 현재 진행 중인 '브런치 작가 멤버십'을 알리고자 참여 작가들에게 종종 홍보용 이미지를 따로 만들어 전달해 준다.

토스도 저자와의 관계에 공을 들였다. 콘텐츠 관련 굿즈를 만들 때마다 저자에게 꾸준히 보내고 연말연시가 되면 달력과 함께 안부 인사도 전했다. 2024년 출간 즉시 흥행했던 토스의 『더 머니북』도 저자와의 우호적인 파트너십 덕분에 완성될 수 있었다고 본다. 『더 머니

북』에는 그동안 토스피드에 기고한 27명의 금융·경제 전문가의 글이 실려 있는데, 저자들은 단행본 제작을 위해 콘텐츠 재사용과 2차 가공에 흔쾌히 협조했다.

여기까지가 콘텐츠 매니저가 저자와 일하는 전반적인 과정이다. 한 가지 덧붙이고 싶은 건, 저자도 인격을 지닌 사람이라는 사실이다. 사람이 하는 일이다 보니 변수가 생길 수 있다. 저자의 인생에 경조사가 생기거나 이직, 퇴사, 창업 등 커리어에 변화가 있어 일시적으로 협업이 어려울 수도 있다. 저자에게 기쁜 일이 생기면 기꺼이 축하하고, 슬픈 일에는 위로를 표하며 사려 깊게 행동해야 한다. 지속적인 비즈니스 파트너십에는 존중이 필요하다.

이 생각을 의외의 콘텐츠에서 접했다. 1년의 육아 휴직을 마치고 복직을 앞둔 무렵, 아이의 어린이집 하원을 도와줄 선생님을 구해야 했다. 검색을 통해 엄마들을 위한 큐레이션 미디어 스티커stickher에서 판매하는 리포트를 발견해 바로 구매했는데, 다음 부분이 가장 인상 깊었다.

Q. 인터뷰 때 고용주의 어떤 부분을 보나요?

저를 존중해 주는 느낌이 드는지 많이 봅니다. 베이비시터가 하는 일의 특성 때문인지 무시받는 경향이 좀 있어요. 면접 때 차를 내온다든가, 경력을 칭찬한다든가, 존댓말을 쓴다든가 같은 작은 행위에서 느껴지는 경우가 많아요. 이제는 플랫폼이 많아 제가 직접 구직을 하는 방법도 다양한데요, 저를 존중하지 않는 것 같다는 느낌이 들면 합격해도 가지 않아요. 반대로 일하면서 저를 존중해 주는 느낌이 들면 이직을 하지 않겠죠?[17]

단호박 같은 글 구워삶기

한편 저자가 지닌 인사이트, 경험, 주관의 첫 모습은 단호박처럼 딱딱한 경우가 많았다. 아무리 내용이 좋아도 독자가 온전히 소화하지 못하면 소용없다.

이때는 콘텐츠 매니저가 요리 솜씨를 발휘해야 한다. 영양소가 파괴되지 않는 선에서 적당히 굽고 삶고 먹기 편한 형태로 잘라야 한다. 플랫폼 비즈니스에서 콘텐츠의 쓸모는 연결에 있다는 사실을 상기하자. 독자에게 온전히 닿으려면, 때로는 저자가 쓴 긴 분량의 딱딱한 글이 숏폼으로 쪼개어지기도 하고 퀴즈 형태로 바뀌기도 한다. 글이나 저자를 구워삶는 건 콘텐츠 매니저만이 할 수 있다. 콘텐츠의 최종 목적을 저자에게 충분히 알려야 한다.

마지막으로, 콘텐츠 매니저에게는 누가 진짜 고객일까? 저자를 살뜰히 챙기고 저자의 감정과 체력을 살피다 보면 독자의 존재를 망각할 때가 있다. 독자의 실체는 불분명한 반면, 저자는 가까이에서 존재감을 드러낸다. 한때 유료 콘텐츠 플랫폼에서 일하는 동안, 저자와 독자의 위상이 헷갈려 대표에게 물었다. "지금의 우리에겐 좋은 저자를 잘 찾는 게 중요하고 이들의 인사이트가 곧 상품이 되잖아요. 저자와 독자 중 누가 더 중요한 고객이죠?"

당시 대표의 대답은 명쾌했다. "저자는 우리에게 중요한 비즈니스 파트너지, 고객은 아니에요. 누가 지갑을 열죠? 고객은 언제나 독자예요."

다음은 독자에 관한 이야기다.

7

연결하기

: 숨은 독자를 찾아 '고객'으로 이어 붙이기

기다리던 답장이 왔다. 메일 클릭. 'OK'란 단어가 보였다. 그제야 긴장이 풀렸다.

2018년 가을, 『매거진 B』 '서울' 편의 개정판 작업에 참여했다. 서울에 대한 칼럼을 쓸 저자 2명을 섭외해야 했는데 당시 『파이낸셜 타임스』 한국 지국장인 브라이언 해리스에게 보낸 청탁 메일에 긍정적인 답변을 받은 상황이었다. 그는 메일 말미에 이렇게 썼다. "당신들이 만드는 잡지의 독자층에 대해 알려 줄래요? 이걸 알아야 칼럼 주제와 방향을 잡을 수 있어서요."

잡지의 독자층? 나도 그곳에서 일하기 전까지는 분명 독자였는데. 선뜻 답이 떠오르지 않았다. 평소 어떤 콘텐츠를 만들지, 어떻게 해야 품질을 높일 수 있을지 고민한 적은 많았지만 부끄럽게도 독자층을 깊이 생각한 적은 거의 없었다. 조금 고민하다가 '브랜드와 마케팅에 관심이 많은 사람들' 정도로 막연하게 답했다.

다만 이번에는 도시를 브랜드 관점에서 다루고 있으니 주재원이 바라본 서울을 언급해 주면 좋겠다고 덧붙이면서.

편집장과 마케터에게 이 질문을 전하니 비슷한 답이 돌아왔다. "대외적으로는 브랜드와 마케팅에 관심이 많은 사람들이라고 설명하고 있어요. 그런데 왜요?" 마감 기한이 바싹 닥쳐와 정신없이 돌아가는 브랜드 다큐멘터리 매거진에게 독자가 누구냐는 질문은, 적어도 그때는 한가한 소리로 들렸다.

나중에 『매거진 B』 조수용 발행인의 말을 우연히 접했는데, 그가 생각하는 독자는 범위가 더 넓어 보였다. 그는 이 분야의 실무자가 아니어도 되는 소비자, 크고 작은 비즈니스를 구상하는 사람까지 독자로 아우르고 있었다.

『매거진 B』를 완성하면서 끝까지 고민하고 검토한 것은 바로 '누가 읽는가'였습니다. 『매거진 B』는 브랜드 전문가를 위한 어려운 잡지가 아닙니다. 크고 작은 비즈니스를 구상하거나 브랜드를 소비하는 누구라도 브랜드에 대한 감각을 익히고, 세상을 브랜드적 관점으로 보며 새로운 트렌드

를 접할 수 있도록 도와주는, 진지하지만 읽기 쉬운 잡지입니다.[18]

문득 궁금해졌다. 나는 독자에 관해 얼마나 제대로 알고 있을까? 독자층을 어느 하나로 뭉뚱그릴 수 있을까? 이후 플랫폼 기업으로 옮기면서 질문은 더 구체적으로 변했다. 독자를 어떤 행위를 하는 사람으로 규정할 수 있을까? 어떻게 해야 미처 발견하지 못한 독자를 찾고 연결하고 확장할 수 있을까?

독자는 누구인가

콘텐츠 매니저가 고려해야 하는 독자는 콘텐츠 발행 시점을 기준으로 크게 두 부류로 나눌 수 있다. 발행 전에 읽는 사람을 내부 독자, 발행 후에 읽는 사람을 외부 독자로 부르겠다.

내부 독자는 구체적이고 분명한 편이다. 대부분 콘텐츠 조직은 발행 전 내부 확인 과정을 거친다. 조직마다 세부 절차는 다르겠지만 팀원, 팀장, 글에 언급되는 인터뷰이, 그래픽 제작을 부탁해야 하는 디자이너 등 업무 관계자들이 확인하면서 피드백을 준다. 이들이 첫 번째 독자다. 내부 독자는 글의 메시지가 명료한지, 사실과 다른 내용은 없는지, 발행 후 기업 평판에 부정적 영향을 미칠 만한 요소가 있는지 등을 미리 확인한다. 함께 일하면서 기획 단계부터 이미 여러 논의를 거쳐 왔을 가능성이 높으므로, 내부 독자에게 어디가 어색하거나 부자연스러운지 직접 물어볼 수도 있다.

외부 독자는 발행된 콘텐츠를 접하는 모든 사람을 가리킨다. 웹 또는 앱에 공개된 콘텐츠라면, 시간이 흐른 뒤에 검색을 통해 발견되기도 하기에 독자의 범위는 더 커질 수 있다. 기획할 때 타깃으로 삼은 외부 독자의 모습이 있긴 하지만, 그들에게 콘텐츠가 온전히 가닿을지는 예측만 할 뿐이다. 아마 소비자나 사용자 등 최종 고객이 있을 테고, 그 콘텐츠를 토대로 해당 기업에 관심을 갖게 되는 사람도 있을 것이다.

내부 독자와 달리 외부 독자는 당장 눈에 보이지 않지만 분명 존재한다. 그리고 내부 독자보다 더 중요한 위상을 지닌다. 앞서 대표가 말한 것처럼 '지갑을 여는 고객'이 곧 외부 독자이기 때문이다.

플랫폼 비즈니스가 바라보는 독자 또는 고객

플랫폼 비즈니스에서는 외부 독자를 더 자세히 나눌 수 있다. 이때는 플랫폼이 고객 동의 아래 수집한 데이터가 기준이 된다. 어떤 데이터를 가지고 있느냐에 따라 고객을 나누듯이 독자를 구분할 수 있다.

온라인과 오프라인 쇼핑몰에서 신제품을 파는 경우를 예로 들어 보자. 가령 스포츠용품 브랜드 윌슨에서 세계적인 테니스 선수 로저 페더러와 협업한 제품군을 새롭게 출시하며 관련 콘텐츠를 발행한다면, 외부 독자는 다음과 같이 나눌 수 있다.

데이터를 기반으로 구체적으로 알 수 있는 독자

- 윌슨에서 파는 테니스 용품 구매 이력이 한 번이라도 있는 사람
- 윌슨에서 테니스 용품을 구매한 지 N개월이 지난 사람
- 윌슨에서 테니스 용품을 여러 번 구매한 이력이 있는 사람
- 윌슨에서 (테니스가 아닌) 다른 용품을 한 번이라도 사 본 적이 있는 사람
- 윌슨에서 보내는 마케팅 메시지, 앱 푸시, 뉴스레터 등을 받겠다고 동의한 사람
- 윌슨 또는 로저 페더러의 소셜 미디어 채널을 하나라도 팔로

우한 사람

- 윌슨 홈페이지에 회원으로 등록되어 있지만 한 번도 제품을 사 보지 않은 사람 (잠재 고객)

직접적인 데이터는 없지만, 짐작해 볼 수 있는 독자

- 로저 페더러의 팬 (접니다)
- 윌슨이란 브랜드를 좋아하는 사람
- '테니스'라는 주제에 관심 있는 사람
- 테니스 산업과 연관된 저널리스트, 스포츠 선수, 에이전트, 타 브랜드, 이벤트 관계자 등
- 추후 유사한 형태의 협업을 준비 중인 다른 운동선수 (극소수)

특히 2025년 3월 13일부터 전 분야의 마이데이터* 사업이 본격적으로 추진되면서, '본인신용정보관리업자' 허가를 받은 마이데이터 사업자들은 고객이 어떻게 돈을 쓰고 불리는지 훨씬 더 정교하게 파악할 수 있게 됐다. 대출 상품의 이자를 언제 내야 하는지, 금리를 더 낮출 다른 대출 상품이 있는지, 지난달 카드값은

---

* 개인이 본인 데이터에 대한 권리를 가지고 자신의 통제하에 개인정보를 관리하고 처리하는 제도. 정보 주체가 마이데이터 사업자에게 본인 개인정보를 전송할 수 있게 됨에 따라 다양한 맞춤형 서비스 제공이 가능해졌다. 초반에는 금융 및 공공 분야에서 제한적으로 시행되다가 전 분야로 확대되고 있다.

얼마인지, 가입한 펀드 상품의 수익률이 몇 퍼센트인지, 자동차 보험 만기는 언제인지 등을 알려 주면서 이를 다른 콘텐츠와 연결시킬 수 있기 때문이다.

이처럼 플랫폼의 독자는 출판업계에서 일컫는 독자와 성격이 다르다. 책은 완독 자체만으로도 의미가 있고 성취감이 크지만, 플랫폼의 온라인 콘텐츠는 비즈니스와 브랜드 활동에 얼마나 기여하는지에 따라 콘텐츠 매니저의 성과로 연결된다.

콘텐츠 매니저라면 아티클의 조회수, 완독률, 체류 시간, 클릭률뿐 아니라 회사 차원에서 챙기는 여러 지표들을 종합적으로 살펴보게 된다. 월간 활성 이용자 수MAU, 사용자당 평균 매출ARPU, 재방문율Retention Rate, 구매전환율Conversion Rate, 가입 해지율Churn Rate 등의 지표는 모두 고객을 기반으로 한 지표인 동시에 기업의 재무 성과에 반영된다.

플랫폼이 보유한 데이터와 예측을 통해 닿으려는 외부 독자에 따라서 콘텐츠의 목적과 전략은 달라질 수밖에 없다. 이미 서비스를 이용하는 고객이라면, 그들이 계속해서 우리 제품을 사용(리텐션)하도록 하는 데 도움이 되는 콘텐츠가 중요하다. 반대로 아직 고객이 아닌 사람들에게는 우리가 가진 서비스의 장점이나 효용을 매력적으로 알리는 콘텐츠가 필요하다. 플랫폼의 궁극적인 목적은 모든 외부 독자를 고객으로 만드는 것이다.

콘텐츠 전략1
: 독자가 달라지면 똑같은 콘텐츠도 다르게 분류된다

『매거진 B』에서의 다른 경험이 떠오른다. 잡지만 내던 곳에서 단행본 임프린트를 새로 만들고, '잡스' 시리즈의 첫 번째 책을 냈을 때의 일이다. 새 책을 팔려면 보도자료를 쓰고 서점에 유통할 준비를 해야 했다. 대개 기획 단계에서 도서 분야를 정하겠지만, 종이책 사업을 처음 하는 우리는 책을 만들고 나서야 어느 분야로 넣을지 정해야 했다. 내부에 '도서 분류'가 무얼 의미하는지 제대로 아는 이가 없었다.

PM 역할을 하던 나는 '잡스' 시리즈가 일하는 사람의 태도와 철학을 담은 직업인 인터뷰집이지만, 직접적인 쓸모나 방법을 알려 주는 건 아니니 자기계발서나 실용서보다는 인문교양서에 가깝다고 생각했다. 책의 보도자료에도 분야를 인문교양으로 썼다.

분야가 문제였는지 마케팅이 부족했는지 알 수 없

지만, 시리즈 첫 책의 초반 판매량은 기대에 한참 못 미쳤다. 곧바로 두 번째 책을 준비하는 과정에서 어느 대형 서점 MD를 만날 기회가 있었고, 그의 조언에 생각을 바꾸게 됐다.

"왜 인문교양서로 분류하셨어요?"

"(앞에 적은 이유 등을 장황하게 말하며) 자기계발서보다는 인문교양서에 어울린다고 생각해서요."

"인문교양 분야는 주로 40~50대 이상 독자가 많아요. 그런데 이 책은 젊은 독자들이 더 좋아할 내용 같은데요? 자기계발로 가면 어떨까요? 20~40대까지 범위가 넓어서 판매에도 유리할 것 같습니다."

그렇게 시리즈의 두 번째 책의 분야는 자기계발로 결정했고, 그 즈음 첫 책까지 같은 분야로 옮겼다. 그러자 첫 번째 책까지 덩달아 판매가 늘면서 모두 중쇄를 찍게 됐다. 같은 책이라도 어떤 매대에 놓이느냐에 따라 만나는 독자가 다르다는 사실을 깨달은 경험이었다. 도서 분류가 왜 중요한지 더 알고 싶다면, 예스24의 조선영 MD가 쓴 『책 파는 법』을 추천한다.

아무리 생각해 봐도 뭔가 애매하거나 혼자 결정하기 어려울

때는 고민하지 말고 주저 없이 MD의 조언을 구하는 것이 좋다. 원래 MD는 그러라고 있는 사람들이니 말이다.

생각해 보면 독자의 입장에선 책이 어느 분야에 속해 있냐 하는 것은 그 책을 찾기 전까지만 유용한 정보일 뿐, 막상 책을 손에 넣은 이후엔 그리 중요한 요소가 아닐지도 모른다. 그렇다고 해도 우리는 독자가 그렇게 찾은/발견한 책에서 재미를 느끼고, 의미 있는 메시지를 얻고 만족할 수 있도록 이 책을 어디에 놓아야/보내야 가장 많은 독자의 눈에 띌지 끊임없이 고민할 수밖에 없다.[19]

디지털 포맷의 콘텐츠도 독자의 성격에 따라 놓이는 위치와 형태가 바뀐다. 단행본과 결정적으로 다른 점이 있다면, 고객의 모바일 스크린 화면에 앱 푸시 알림*을 통해 정면으로 침투할 수도 있다는 사실이다. 이보다 더 강력한 매대가 또 있을까. 물론 시도 때도 없이 뜨는 알림으로 이미 피로도가 높은 사람들에게는 역효과가 날 수도 있지만, 그 콘텐츠의 대상 독자로 분류한 이에게 정확하게 닿는다면 또 다른 사업 기회로 자연스레 연결될 수 있다.

---

* 모바일 홈 화면, 잠금 화면 또는 데스크톱 브라우저에 팝업으로 나타나는 짧은 메시지. 미국에서 스마트폰을 사용하는 사람들은 하루 평균 46개의 푸시 알림을 받는다고 한다.

콘텐츠 전략2

: 독자에 따라 콘텐츠의 난이도를 조절하거나 구체적인
자료를 제공한다

2024년 2월, 토스증권에서 개인투자자를 위한 콘텐츠를 만드는 한상원 애널리스트를 인터뷰했다. 당시 토스증권은 연간 흑자 전환에 성공했는데, 차별화된 모바일 트레이딩시스템MTS*과 더불어 개인투자자를 위한 콘텐츠가 내부적 성공 요인으로 꼽혔다.

본 인터뷰 준비를 위한 사전 미팅에서 한상원 애널리스트는 이렇게 말했다. "원래 증권사 애널리스트 리포트의 독자는 기관투자자이지 개인투자자가 아니에요. 그래서 차트나 그래프를 넣으면서도 굳이 자세히 적지 않았어요. 어차피 (국민연금 기금운용본부가 있는) 전주로 내려가 세미나하면서 따로 설명할 생각이었으니까요." 하지만 토스증권으로 옮기면서 대상 독자가 개인투자자로 완전히 달라졌고, 한동안 변화에 적응하느라 쉽지 않았다고 밝혔다. 무엇이 달랐을까?

Q. 초보 투자자에게 쉽게 풀기까지 내부적으로 고민이 많았을 것 같습니다.

---

* 개인투자자의 주식 거래 방식 가운데 하나로, 스마트폰을 활용하는 방식.

어떤 주제든 결국 독자가 그걸 읽어야 효용이 있어요. 기존 증권사에서 일할 때는 제가 쓴 리포트를 아무도 읽지 않는 상황을 상상해 본 적이 없었어요. 왜냐면 대상이 기관투자자로 정해져 있었거든요. 그런데 토스증권에서는 '정말 아무도 읽지 않을 수 있겠다'는 걸 깨달았어요. 모바일 앱에서는 조회수나 추천수 등 모든 숫자가 투명하게 드러나기도 하고요. 사람들이 읽게 만들려면 이전과 다르게 써야 했어요. 개인투자자의 관심사에서 시작해 애널리스트의 키 메시지를 전하는 방식으로 누구나 알기 쉽게 쓰려고 합니다. 독자들이 자연스럽게 끝까지 읽는 경험이 늘면, 자연스럽게 정보나 메시지도 잘 전달되고요.

Q. 예시가 있을까요?

'경제지표 완전 정복'에서 FOMC와 CPI에 대한 내용을 발행한 적이 있는데요. 예를 들어 시장이 큰 폭으로 내렸을 때면 '오늘 주식시장이 급락했는데요'라고 이야기를 시작하면서 물가와 금리의 관계, FOMC가 무엇인지 설명했어요.[20]

2023년 상반기, 토스피드에서 '흔들리는 전세 제도' 콘텐츠를 기획할 무렵의 외부 독자는 어떤 형태로는 '전세 제도'와 접점이 있는 사람들이었다. 이미 전세 사기가 큰 사회 문제로 부각되며 피해자가 많이 나왔기에,

팀 내에서도 신속하면서도 신중하게 접근하는 쪽으로 뜻을 모았다. (내 지인 중에도 전세 사기를 당한 분이 있었다.) 전세 제도의 취약점, 위험을 미리 피할 수 있는 방법, 혹시라도 사기를 당했을 경우의 대응 방안과 함께, 위험을 알면서도 현실적인 이유로 전세를 택해야 하는 이들이 꼼꼼히 확인해야 하는 항목을 구체적으로 알려 주어 독자에게 도움을 주고자 했다.

다섯 명의 저자 중 부동산 중개법인 대표에게 전세 사기를 피할 수 있는 실질적인 팁을 써 달라고 부탁했고, 콘텐츠 하단에는 법무부에서 직접 만든 주택임대차 표준계약서를 다운로드할 수 있게끔 링크를 넣었다. 증권사에서 부동산 수석위원으로 근무하는 저자는 전세 제도가 없어 월세 문화가 일찍 자리 잡은 일본의 사례를 전하며, 전세가 월세로 바뀌는 가까운 미래에 임차인의 임대료 부담이 실제로 얼마나 늘어날지 직접 계산하여 알려 주기도 했다.

콘텐츠 전략3
: 독자에 따라 콘텐츠 형태를 다르게 한다

이는 영상 콘텐츠를 주로 다루는 팀에서 더 민감하게 고려하는 부분이다. 텍스트보다 영상에 익숙한 젊은 독자층을 고려해 담당 PD가 처음부터 세로형 숏폼으로 포맷을 정하고, 그 틀 안에 어떤 콘텐츠를 넣을지 기획하여 유튜브 쇼츠나 인스타그램 릴스로 내보내는 식이다.

독자 의견을 현명하게 수집하고 반영하는 법

여러 고민 끝에 콘텐츠를 발행했다. 이제 독자의 반응을 엿볼 차례다. 그런데 독자 반응을 찾기란 쉽지 않다. 독자에게도 독자의 삶이 있고 다들 바쁘다. 콘텐츠를 읽은 후 피드백을 주는 독자는 전체 중 극소수다.

소셜 미디어에서 '좋아요' '공유' '추천' 등으로 독자의 참여도나 반응을 간단히 확인할 수 있지만, 콘텐츠 매니저는 정성적인 반응도 잘 살펴야 한다. 구글, 네이버 검색은 물론 소셜 미디어나 블로그 등을 수시로 살피고, 뉴스레터 같은 정기 발행물이 있다면 독자 의견을 상시로 받을 수 있는 창구를 마련해 두자. 가용 예산이 있다면 굿즈 등을 제공하며 비정기적으로 독자 설문을 진행하는 것도 방법이다.

외부 독자의 반응을 살피는 동시에, 비슷한 업계에

서 일하는 가까운 지인 또는 해당 콘텐츠의 기획 의도를 잘 모르는 젊은 팀원이나 인턴에게 보여 주고 솔직한 의견을 묻기도 한다. "어때요? 지루하진 않나요? 볼 만한가요?" "이 글, 도움이 될 것 같은데 한번 읽어 볼래요?" 가끔씩 점심도 사 주면서.

독자도 연결을 원한다. 요즘은 콘텐츠를 잘 활용하는 커뮤니티도 눈에 띈다. 정성 들여 쓴 댓글은 그 자체로 원 콘텐츠를 풍성하게 해 주는 파생 콘텐츠가 된다. 『뉴욕 타임스』『파이낸셜 타임스』 같은 글로벌 미디어는 댓글과 독자 사연의 질을 엄격하게 관리하며 좋은 연결을 만들어 낸다. 국내에서는 롱블랙이 운영하는 '슬랙 커뮤니티'가 좋은 사례다. 하루 하나씩 노트(아티클)를 발행하는 롱블랙은 슬랙 커뮤니티를 통해 독자에게 그날 발행된 노트나 서비스 관련 피드백을 받기도 하고 나중에 다룰 만한 소재를 제안받기도 한다. 또한 자체 가이드라인을 두어 커뮤니티에 참여하는 이들끼리 느슨하고 자유롭게 소통할 수 있게끔 한다. 2026년 1월 말 기준, 대략 12,800명이 슬랙 커뮤니티에서 활동하고 있다.

토스의 브랜드 미디어 토스피드에서도 2024년

5월, 모바일 개편을 마치며 독자 의견을 '댓글' 형태로 받기 시작했다. 전부터 독자 댓글란의 필요성에는 공감했지만 본질과 무관한 악성 댓글 관리가 또 다른 업무이자 부담이 될 수 있어 콘텐츠 매니저 사이에서도 의견이 분분했다.

독자의 피드백은 어디까지 수용해야 할까? 우선 하나의 이름(아이디 또는 닉네임)으로 달린 독자 의견은 1인분으로 간주한다. 독자가 1만 명이라면, 콘텐츠에 달린 하나의 댓글은 댓글을 달지 않은 9,999명의 의견과 같지 않을 수 있다는 의미다. 그래서 커뮤니티가 더 진화한 곳을 보면, 댓글에도 '좋아요' 또는 '별로예요' 표시 기능을 도입해 그 댓글에 사람들이 얼마나 공감하는지 파악할 수 있게끔 하는 장치도 생겼다.

숨은 독자 찾기

얼마 전, 링크드인으로 연결된 브라이언 해리스의 최근 소식을 접했다. 그는 한국을 떠나 브라질 특파원으로 근무하다가 10년 넘게 일해 온 『파이낸셜 타임스』를 그만두고, 라틴아메리카 지역에 집중한 전략 자문 그룹을 세웠다고 밝혔다. 예전부터 독자가 누구인지 확인하던 사람이니, 고객에 집중하여 자신만의 비즈니스를 잘 꾸릴 수 있으리라 기대해 본다.

신기한 건, 그와 나는 링크드인 플랫폼에서 1촌 사이가 아니다. 7년 전 칼럼을 청탁할 때에도 메일로만 연락했을 뿐 직접 만난 적은 없다. 어느 순간 그의 글이 내 피드에 떠서 알게 된 소식이다.

이참에 최근 내가 '우연히' 콘텐츠를 접한 경로를 다시 살펴봤다. 소셜 미디어 알고리즘이 추천하여 상단에 뜬 글, 앱 푸시 알림을 받고 나도 모르게 클릭한 아티클, 시내의 대형 서점을 어슬렁거리다가 매대에서 발견한 책, 지인의 추천, 여행지에서 들른 작은 독립서점에서 주인이 추천한 책…… 이것들은 정말 우연일까?

아이러니하게도 독자는 자신이 독자인 줄 모르는 경우가 많다. 세상 모든 콘텐츠는 그 나름의 고객을 상정한 큐레이션이자 (정확히 계산하긴 어렵지만) 저마다의 방정식에 따라 산출된 배치다. 그래서 나는 개별 콘텐츠마다 최적의 짝이 있다고 믿는다.

독자는 단순히 콘텐츠를 읽는 사람, 돈을 내는 고객을 넘어 콘텐츠의 형태와 목적 그리고 플랫폼 전략을 결정하는 존재다. 콘텐츠 매니저는 이미 존재하는 독자뿐 아니라 숨어 있는 독자까지 발견해 내야 한다. 동시에 독자의 의견을 현명하게 수용하되, 이를 기획 의도나 콘텐츠의 본질과 연결 짓는 균형 감각을 가져야 한다.

콘텐츠 매니저로 일하면서 느끼는 기쁨은 결국 어렵게 찾은 독자에게 인정받는 것이다. "여기, 콘텐츠 맛집이네요" "이 콘텐츠가 실질적으로 도움이 되었어요"라는 즉각적인 피드백은 은은한 동력이 된다.

그러니 이 글을 콘텐츠 매니저 또는 이 업과 관계없지만 평범한 독자들이 읽어 주신다면 부탁을 하나 드리고 싶다. 최근에 접한 콘텐츠 중 내 마음에 들어온 게 있다면, 좋은 기분을 느낀 경험이 있다면, 그걸 혼자서만 고이 간직하지 마시고 밖으로 열심히 알려 주시면 좋겠다. 어디선가 그걸 열심히 만든 콘텐츠 매니저, 작가, 에디터, 담당 PD 들이 부지런히 검색하고 있을지도 모르니까. 동시에 당신의 샤라웃이 또 다른 숨은 독자를 만들어 내는 연결 고리가 될 수도 있으니까.

일의 지속

─ 지표와 성장

8

성과 관리

: 콘텐츠의 성과 지표를

설계하고 읽는 법

성과란 무엇인가

마지막으로 다녔던 회사의 인사 제도는 이전 회사들과 달랐다. 일단 개인 고과 평가가 없었다. 성과급은 회사 차원에서 설정한 목표와 지표를 토대로 그 달성률에 맞춰 모든 직원에게 똑같이 지급했다. 대신 '연봉 조정 신청 제도'란 게 있었다. 반기에 한 번, 누구나 자신의 연봉을 조정해 달라고 신청할 수 있는 제도였다. 즉 성과급 정도는 받을 수 있지만, 자신의 몸값을 높이려면 무조건 연봉 조정 신청 제도를 거쳐야 했다. 아니면 물가 상승률보다 조금 낮은 수준의 최소 인상률을 반영해 현상을 유지하거나.

연봉 조정 신청 제도를 이용해 연봉을 높인 경험이 한 번 있다. 그때 마주한 문항 중 '해 왔던 일 위주로 적는 대신 구체적인 성과를 적으라'는 내용이 기억에 남는다. 지난 6개월간 보여 준 역량과 성과, 각각의 달성도를 스스로 적어야 했다. 조직에 속한 이상, 열심히 일하는 건 당연한 의무이고 그 업무를 통해 어떤 가치를 창출해 냈는지 구체적으로 설명할 수 있어야 했다.

역량은 '어떤 일을 해낼 수 있는 힘'을 뜻하고 성과란 그 역량을 토대로 '이루어 낸 결실'을 말한다. 그렇다면 '자신이 만들어 낸 콘텐츠가 조직에 얼마나 또는 어떻게 기여했느냐'가 곧 콘텐츠 매니저의 성과다.

여기서 질문 하나. 자신이 맡은 콘텐츠 중 조회수 100만을 기록한 숏폼 영상과 단 100명이 읽었지만 실제로 고객의 행동을 이끌어 낸 롱폼 아티클이 있다면, 둘 중 무엇의 성과가 더 높다고 볼 수 있을까? 결론부터 말하자면, 각 콘텐츠의 성과는 기획 단계에서 설정한 목표나 기대치에 근거해 접근하는 게 낫다.

콘텐츠 매니저의 성과

콘텐츠 매니저의 성과는 두 가지 지표로 나뉜다. 여러 숫자로 구성된 정량 지표와 한 번에 드러나지 않는 정성 지표가 공존한다.

먼저 숫자부터 살펴보자. 콘텐츠 관련 일을 하다 보

면 아래와 같은 지표를 접할 수 있다.

정량 지표

- 조회수PV, Page Views: 가장 쉽게 확인할 수 있는 건 조회수다. 아티클이나 영상을 게시했을 때, 얼마나 많은 사람이 이걸 봤는지 보는 최소한의 도달 지표다. 다만 조회수가 높다고 해서 무조건 성과가 높다고 보긴 어렵다. 광고나 앱 푸시를 통해 조회수를 끌어올릴 수도 있으므로, 질적 반응을 파악하려면 다른 지표와 같이 살펴야 한다.

- 체류 시간: 주로 긴 글이나 영상의 효용을 볼 때 살피는 지표다. 독자가 얼마나 오래 머물렀는지, 중간에 보다가 나갔는지 추정할 수 있다. 체류 시간 또한 길다고 무조건 좋은 건 아니다. 해당 페이지나 영상을 틀어 놓고 다른 작업을 하는 경우도 있으므로 참고용으로 살피는 게 좋다.

- 클릭률CTR, Click-through-Rate: 말 그대로 해당 콘텐츠가 얼마나 사람들의 손가락을 움직였는지(클릭) 살피는 지표다. 앱 푸시, 배너, 이메일 뉴스레터 등을 통해 노출된 콘텐츠가 진짜 관심으로 이어졌는지 살필 수 있다.

- 전환율CVR, Conversion Rate: 이 콘텐츠를 본 사람 중 다음 행동(회원 가입, 구매, 다운로드 등)을 취한 비율이 얼마인지 나타내는 지표다. 콘텐츠 목적이 회원 가입, 앱 설치, 상품 가

입, 신청서 작성, 다운로드 등 구체적인 행동으로 이어지는지 알고 싶을 때 살펴본다.

- 재방문율Retention: 뉴스레터와 같은 구독형 서비스, 브랜드 미디어를 운영하는 콘텐츠 조직에서 중요하게 살펴보는 지표다. 높은 재방문율은 그만큼 효용이 있어 자주 찾는다는 뜻이기 때문이다. 활성 사용자 수를 가리키는 지표(DAU, MAU 등), 구독 유지율, 구독 해지율 등과 함께 본다. 단, 재방문율은 최소 몇 달 이상 장기적인 추이를 살펴봐야 한다.

정리하자면 이렇다. 얼마나 많이 도달했고, 얼마나 끝까지 읽혔고, 얼마나 움직였고, 얼마나 다시 돌아오게 만들었는가. 그 외에도 다양한 지표가 있다. 이메일의 경우 오픈율Open Rate, 반송률Bounce Rate, 메일 본문 속 링크를 클릭한 비율 등을 통해 해당 메일의 성과가 어느 수준인지 추적할 수 있다.

그럼 클릭률이나 전환율은 어느 정도면 적정할까? 콘텐츠가 속한 산업군이나 맥락마다 달라 단순 비교는 사실상 어렵다. 디지털 마케팅 교육 회사 CXL이 여러 산업의 구글 광고 데이터를 모은 자료에 따르면, 검색 광고의 평균 클릭률은 6.6퍼센트, 디스플레이 광고는

0.57퍼센트 수준이다. 배너 광고 클릭률이 0.3~0.5퍼센트라면 평균 수준, 2퍼센트까지 나오면 잘 나온 편이라고 볼 수 있다. 대규모 이메일 인프라 서비스를 운영하는 글로벌 기업 트윌리오의 이메일 벤치마크 리포트에 따르면, 이메일 마케팅의 경우 전체 산업 평균 클릭률은 4.5퍼센트, 중앙값은 2퍼센트 정도로 나온다. 실무에서는 대략 2~5퍼센트 클릭률이면 괜찮은 편으로 본다.

평균 구매 전환율 역시 산업마다 다르다. 이커머스의 경우, 글로벌 평균은 대략 2~4퍼센트로 집계된다. 글로벌 온라인 쇼핑몰 플랫폼을 운영하는 쇼피파이의 데이터에 따르면, 입점 상점의 평균 전환율은 1.4퍼센트 정도이며 3.2퍼센트를 넘기면 상위 20퍼센트, 4.7퍼센트 이상이면 상위 10퍼센트 수준이라고 설명한다.

다만 금융이든 커머스든 더 중요한 지표는 지난 분기, 지난 캠페인보다 나아졌느냐이다. 앞서 적은 숫자들은 모두 개별 기업마다 취합한 데이터에 기반한 보고서를 근거로 한다. 실제 평가는 각자가 실무에서 얻은 지표 데이터를 토대로 지난 기록과 비교하거나, 같은 산업 또는 유사 서비스와 비교하는 게 현실적이다. 그래야

'우리가 만든 콘텐츠가 지난번 대비 몇 퍼센트 좋아졌나요?'라는 질문에 구체적으로 답할 수 있다.

한편 숫자만으로는 설명되지 않는 부분도 있다. 이때 정성적 지표가 필요하다.

정성 지표

- 독자/사용자 피드백: 특정 콘텐츠에 관한 댓글이나 리뷰, DM, 설문 응답 등이다. 이 콘텐츠가 사람들한테 어떤 영향을 줬는지 궁금할 때 유효하지만, 이를 발견하려면 평소 부지런히 검색하며 수집하는 습관이 필요하다. 독자가 자발적으로 피드백을 주는 경우는 극히 드물기 때문이다. "덕분에 ○○를 이해하게 됐어요" "이 콘텐츠 때문에 가입했어요" 같은 한 문장이 때론 정량 지표의 숫자보다 강력한 증거가 되기도 한다. 그러니 어쩌다 이런 피드백을 발견하면, 스크린샷으로 잘 수집해 두자.
- 브랜드/서비스에 대한 반응: 특정 캠페인 후, 브랜드/서비스에 대한 이미지가 나아졌는지 알고 싶을 때면 소셜 미디어의 언급량, 기사 댓글, 커뮤니티 반응 등을 찾아보기도 한다. 이는 캠페인 전후로 언급량이 얼마나 늘었는지, 호감도가 얼마나 상승했는지 등을 파악할 수 있는 단서가 된다. 보다 객관적인 자료가 필요하다면, 별도 예산을 통해 외부에 설문 조

사를 맡기기도 한다.

- 내부 이해관계자(협업 부서, 경영진 등)의 평가나 인정: 콘텐츠가 직접 돈을 벌지는 않아도, 다른 팀의 일에 기여했다면 내부 팀원에게 긍정적 평가나 인정을 받기도 한다. "이 가이드 덕분에 문의가 줄었어요" "이 자료 덕에 미팅이 수월했어요" "팀원 인터뷰 아티클 보고 지원했다는 사람이 많아요" 같은 코멘트를 듣는다면 그냥 흘려보내지 말자. 콘텐츠가 조직 내 업무를 어떻게 돕고 있는지 보여 주는 귀한 정성 지표이기 때문이다.

그 밖에 여러 채널에서 비슷한 톤과 메시지가 유지되는지, 협업 과정이 점점 수월해지는지, 위기 상황에서 사과문 등을 진정성 있게 작성하여 콘텐츠로 잘 대응했는지도 모두 콘텐츠 매니저의 성과로 남는다.

이처럼 정성 지표들은 때론 인사 한 마디로 지나가 놓치기 쉬운 피드백이지만 유심히 살펴볼 필요가 있다. "이 콘텐츠 너무 좋네요" 정도만 해도 콘텐츠 매니저에게는 힘이 나는 반응이다. 대부분의 콘텐츠는 기본적으로 반응 자체가 없는 경우가 많다. 긍정적인 피드백이라면 뭐든 소중하고 고맙다.

정량 지표가 '얼마나'를 말해 준다면, 정성 지표는 '어떻게'와 '왜'를 설명한다. 콘텐츠 매니저에게 중요한 건 둘 중 하나를 선택하는 게 아니라, 두 가지를 묶어 자신의 일을 설명하는 능력이다.

"이번 분기에 이런 문제를 풀어야 했고, 그래서 이 시리즈를 기획하여 발행했고, 그 결과 숫자는 이렇게 변했고, 내부와 외부에서는 이런 반응이 나왔다."

이 한 문장을 조금씩 더 잘 말하게 되는 것. 어쩌면 그게 성과 관리의 시작일 것이다.

지표의 함정: 성과를 내려면 충분한 물리적 시간이 필요하다

콘텐츠는 빠르게 소비되지만, 효과는 바로 드러나지 않는 경우가 많다. 특히 기업 안에서 콘텐츠는 마케팅과 브랜딩의 역할을 동시에 수행한다. 단기 캠페인의 성과는 비교적 빨리 숫자로 확인되지만, 브랜드에 대한 신뢰나 호감은 여러 콘텐츠가 오랜 시간 쌓여야 겨우 드러난다.

좋은 콘텐츠를 꾸준히 만들려면 무엇보다 시간이

필요하다. 어떤 분기에는 조회수가 크게 오르지 않을 수도, 전환율이 기대만큼 나오지 않을 수도 있다. 그렇다고 해서 이전에 쌓아 둔 영향이 모두 사라지는 건 아니다. 콘텐츠의 성과를 몇 주 또는 한두 달 단위로만 보려 하면 장기적으로 필요한 것들을 포기하게 된다.

콘텐츠 매니저가 제대로 성과를 내려면, 콘텐츠가 독자에게 도달하고 반응을 이끌어 내기까지 시간이 걸린다는 사실을 조직이 이해해야 한다. 조급한 상태에서는 눈에 잘 보이는 지표만 쫓게 된다. 단기 전환에 도움이 되는 일회성 콘텐츠에 집중하거나, 브랜드 신뢰를 위한 콘텐츠는 뒷순위로 밀리기 쉽다.

배달의민족을 창업한 김봉진 그란데클립코리아 의장은 '롱블랙 컨퍼런스 2025: 경험과 공감'에서 브랜딩과 마케팅을 이렇게 구분했다.

"브랜딩을 꾸준히 하려면 예산이 많아선 안 됩니다. (웃음) 브랜딩 예산은 전체 마케팅 비용의 10퍼센트를 넘기지 말고, 최소 3~4년은 은근하게 이어 가세요. 그래야 중간에 지표가 저조하다고 해서 예산이 잘리지 않거든요. 브랜딩은 일종의 스텔스 모드로 하시고, 마케팅은 효과가 바로 보이도록 정량 지표에 집중하면 됩니다."

콘텐츠 매니저의 일은 이 둘을 연결하는 지점에 놓여 있다. 당장의 클릭과 전환을 위한 콘텐츠도 필요하지만, 동시에 브랜드의 신뢰를 쌓는 콘텐츠도 만들어야 한다. 이 균형을 유지하려면 지표뿐 아니라 시간을 함께 보는 시각이 필요하다.

성과를 내려면 어떤 지원과 환경이 필요할까?

성과를 내려면 개인의 역량도 중요하지만, 그 역량이 발휘될 수 있는 환경이 먼저다.

우선, 콘텐츠가 즉시 숫자로 보이지 않더라도 쉽게 흔들리지 않는 조직 분위기가 필요하다. 매달, 매 분기 성과를 확인할 수는 있지만, 그때마다 방향을 크게 바꾸거나 진행을 멈추면 장기적인 축적이 어렵다. 어느 정도는 지켜보면서 판단하는 시간이 있어야 한다.

목표와 역할이 명확해야 한다. '좋은 콘텐츠'란 단어는 주관적이며 모호하다. 콘텐츠 매니저 개인뿐 아니라 팀 단위로 목표를 설정하고, 각자의 역할을 분배하는 편이 효율적이다.

피드백과 학습 구조도 필요하다. 콘텐츠를 발행한 뒤, 그 결과를 담당자만 확인하고 넘어가는 데 그치지 않고, 주기적으로 팀 단위 리뷰를 하는 편이 좋다. 무엇이 잘됐고 무엇이 아쉬웠는지, 다음엔 무엇을 바꿀지 합의해 두면 팀 단위 노하우가 쌓인다.

콘텐츠 매니저 개인의 성장에 대한 투자가 필요하다. 관련 컨퍼런스에 보내거나 교육 프로그램 수강을 지원하거나 책을 사 볼 수 있게 도서비를 제공하는 방식도 있다.

물론 이 조건들을 모두 갖추긴 어렵다. 당장의 매출과 이익에 대한 압박이 큰 조직일수록 더 그렇다. 그렇다면 콘텐츠 매니저 선에서 할 수 있는 일을 해야 한다. 가급적 합리적인 예산으로 프로젝트를 설계하고, 결과를 분명하게 정리해 두는 일이다. 비용을 많이 쓰면 그만큼 기대치도 같이 올라간다. 반대로 제한된 예산 안에서 납득할 만한 성과를 만들어 낸 경험은 다음 프로젝트를 설득하는 근거가 된다.

성과가 난 프로젝트 사례들

내가 경험한 프로젝트 중, 비즈니스 성과로 이어진 사례를 살펴보자.

독립 후 헤르츠에서 진행했던 프로젝트로, 프라임 오피스와 몰을 갖춘 복합상업시설의 온라인 브랜딩(홈페이지, 인스타그램) 대행 용역을 맡은 적이 있다. 입점 매장이 순차적으로 문을 여는 오픈 첫해에는 현장 분위기가 전반적으로 어수선했다. 한창 영업 중인 매장 맞은편에서 오픈을 앞둔 다른 매장의 인테리어 공사가 진행되기도 했다. 적어도 온라인에서는 정돈된 이미지를 보여 줄 필요가 있었고, 각 매장에서 어필하고 싶은 내용을 브랜드 이미지와 맞추는 작업을 했다. 그 결과 복합상업시설을 찾는 사람들이 점진적으로 늘면서 전체적인 매출 증진에 기여했다.

헤르츠에서 진행한 또 다른 프로젝트로, 라이프스타일 커머스 플랫폼에 입점한 브랜드를 소개하는 시리즈 콘텐츠를 기획·제작한 적이 있다. 브랜드 제품을 단순히 나열하는 대신, 관계자 인터뷰 영상과 감각적인 사진들을 중심으로 브랜드 이야기를 풀어냈다. 커머스 플랫폼에서 브랜드를 소개하는 콘텐츠는 자칫 광고로 인식되어 반응이 낮아지기 쉬운데, 이 시리즈는 콘텐츠 스크랩 수와 조회 시간 모두 기존 유사 콘텐츠 대비 두 배이상 늘었다. 인스타그램 노출 지표도 함께 올랐고, 해당 브랜드의 주간 거래액도 괜찮은 수준이었다. 파일럿으로 시작한 프로젝트는 월 1회 정기 발행으로 이어졌고, 후속 계약까지 성사되었다.

『매거진 B』에서 기획한 '잡스' 시리즈도 정량적 성과를 냈다. 잡지 사업 외에 새로운 매출원을 만들고자 단행본 브랜드를 론칭했고, '잡스' 시리즈로 문을 열었다. 2019년 8월부터 출간하여 현재까지 다수의 책이 중쇄를 찍었고, 나중에는 해당 포맷으로 환경부와 또 다른 프로젝트를 진행해 추가 수익을 내기도 했다. 출판사 입장에서는 잡지 외 신사업 매출 확보라는 명확한 성과로 기록되었다.

숫자로 환산하긴 어렵지만, 브랜드에 영향을 준 사례도 있다.

삼성역 인근 P 호텔과 연계한 쇼핑몰의 인스타그램 운영을 맡으면서는, 이곳이 지향하는 고급스러운 이미지를 유지하는 데 집중했다. 인스타그램 계정의 톤과 사진 스타일, 소개 문구를 조정하면서 '이곳은 다른 쇼핑몰과 결이 다르다'는 인상을 주는 것이 목표였다. 지난 2~3년 동안 팔로워 숫자나 게시물당 반응 수 등의 정량 지표가 증가했고, 정성 지표 관점에서는 고객사 대표, 입점 브랜드나 팝업 문의 고객에게 긍정적인 인상을 남겼다는 내부 담당자의 피드백이 있었다.

H 보험사의 오리지널 콘텐츠 프로젝트 '빌드업 육아클럽'은 블로그에 콘텐츠를 먼저 발행하고 이어서 단행본 제작을 진행했다. 보험 상품을 바로 팔기 위한 콘텐츠라기보다, 아이를 키우면서 겪는 고민과 감정을 다루면서 양육자들의 공감을 얻고 어린이보험 상품을 보유한 회사 브랜드를 자연스레 떠올리도록 하는 게 목적이었다. 현재 시즌 1을 마치고 후속 시즌을 논의 중인데, 프로젝트가 계속 이어진다는 사실 자체가 성과를 보여주는 지표라고 할 수 있다.

토스에서는 콘텐츠를 통해 회사의 브랜드 이미지를 어떻게 바꿀 수 있을지 고민했다. 회사 공식 블로그와 소셜 미디어를 통해 딱딱한 금융 서비스가 아니라 친근하고 사람 냄새 나는 브랜드로 다가가고자 했고, 동시에 신뢰감을 줄 수 있도록 미묘한 선을 지키는 게 중요했다. 그중 고객센터 팀의 릴레이 인터뷰 콘텐츠는 직접 고객 상담을 진행하는 이들의 목소리를 담아 "진정성이 느껴진다"는 피드백을 받기도 했다. 이런 반응은 당장 수치로 환산하기는 어렵지만, 위기 대응이나 고객 신뢰와 연결된다는 점에서 중요한 성과다.

　마지막으로, 사회적 맥락에서 의미 있거나 독자에게 실질적 도움을 준 사례다. 토스피드에서 진행한 '흔들리는 전세 제도' 시리즈는 전세 사기가 사회 문제로 크게 부각되던 시점에 기획한 콘텐츠다. 전세 제도의 구조적 취약점, 전세 사기를 피하는 방법, 피해를 입었을 때 대응법 등 도움이 되는 정보를 모으는 데 초점을 맞췄다. "이 글을 보고 계약서를 다시 읽어 봤다"는 피드백 정도면, 그 콘텐츠는 자기 역할을 충분히 했다고 생각한다.

　토스 리더십 인터뷰 시리즈인 '헤드라인 인터뷰'도 비슷하다. 기업공개를 준비하던 시기에 조직 내 각 부서 리더들이 어떤 생각을 하고 있는지 외부에 보여 주는 용도의 콘텐츠였다. 아쉽게도 도중에 조직 개편이 진행되느라 4화까지만 발행하고 멈췄지만, "이런 형식의 내부 인터뷰가 신선했다"는 업계 동료들의 피드백에서 숫자로는 잡히지 않는 성과를 체감했다.

　이처럼 성과는 조회수나 전환율로만 판단하기 어렵다. 후속 시즌 논의, 새로운 프로젝트로 이어지는 제안, 내부 관계자의 한마디, 독자의 따뜻한 댓글까지 모두 콘텐츠 매니저에게 힘이 되는 재료다.

성과 관리의 중요성

앞에서 말했듯 콘텐츠 매니저의 성과는 눈에 잘 보이지 않는다. 회사 입장에서 콘텐츠 팀은 비용으로 인식되기 쉽다. 인건비, 제작비, 외주비는 매달 나가지만, 그 비용이 정확히 얼마의 수익으로 돌아오는지는 바로 파악되지 않거나 한참 후에나 드러나곤 한다.

　그럼에도 성과 관리는 필요하다. 성과를 관리한다는 건 콘텐츠 매니저의 일을 회사가 이해할 수 있는 언어로 번역하는 일에 가깝다. '이 콘텐츠를 통해 이런 변화를 만들었고, 이 변화가 이런 숫자로 이어졌다'는 설명이 있어야 예산과 시간을 지킬 수 있다.

　헤르츠를 운영하면서 이 사실을 더 선명하게 느끼고 있다. 회사가 유지되려면 기본적으로 이익을 내야 한다. 재무 용어로는 이자보상비율 같은 지표가 있다. 영업이익으로 이자 비용을 얼마나 감당할 수 있는지 보여 주는데, 이 비율이 1 미만이면 내는 이자보다 적게 벌고 있다는 뜻이다. 기업 입장에서는 성과를 내지 못하면 곧 좀비 기업이 된다.

프로젝트 관점에서도 일정 수준의 성과가 있어야 다음 프로젝트로 이어진다. 계약을 갱신하거나, 함께 일해 본 고객이 다른 프로젝트를 제안하거나, 과거 사례를 보고 새로운 고객이 문의를 주는 구조가 필요하다. 그 연결 고리를 만드는 일이 곧 콘텐츠 매니저의 성과 관리이기도 하다.

성과 관리란 내가 얼마나 애썼는지를 증명하는 일이 아니라, 그 애씀 덕분에 무엇이 어떻게 달라졌는지 설명하는 일이다. 이 설명이 힘을 가지려면, 앞에서 이야기한 정량 지표와 정성 지표가 함께 필요하다.

성과는 개인의 경쟁이 아니라

공동의 목표를 달성하는 과정

마지막으로, 성과를 바라보는 태도에 대해 이야기해 보겠다.

'회사'를 뜻하는 영단어 company의 어원에는 흥미로운 내용이 담겨 있다. 라틴어 companionem(동반자)에서 왔는데, 이는 '함께(com-)'와 '빵(panis)'을 합친 말이다. 직역하면 '빵을 함께 나누는 사람들'이다. 회사란 단어에는 여전히 동료 의식과 공동체의 의미가 남아 있다.

성과는 혼자 내기 어렵다. 특히 콘텐츠 매니저의 일은 여러 직군과 얽혀 있다. 기획부터 제작 단계까지 다양한 팀과 직군의 동료들과 긴밀하게 협력하며 움직여야 한다. 발행 후에는 다른 조직이 그 결과물을 어떻게 활용하는지까지 살펴봐야 한다.

이런 일을 하면서 콘텐츠 매니저끼리 서로를 경쟁자로만 보면 팀워크가 약해질 수 있다. 각자 눈앞의 성과 지표만 바라보게 되고, 공동 목표는 흐려진다. 반대로 서로를 '같은 목표를 향해 역할을 나누어 달리는 동료'라고 생각하면 각각의 성과를 응원하고 도울 수 있다.

얼마 전에 지인이 참여한 전시를 보러 갔는데, 그때 접한 창작 스튜디오 '사사사가'의 소개 글이 인상적이었다.

사사삭 Radical Open Studio

여기서는 경쟁하지 않습니다.

서로의 가능성을 바라보고, 응원하며, 실험합니다.

여기서는 평가하지 않습니다.

과정 자체가 새로운 지평을 연다고 믿습니다.

회사라는 조직이 이를 그대로 따라 하긴 어렵겠지만, 콘텐츠 팀 안에서만큼은 비슷한 태도를 지향할 수 있다고 믿는다. 성과는 결국 개인이 아니라 팀이 만들어 낸다. 콘텐츠 매니저들이 서로의 시도와 성과를 응원하고 지지하는 문화에서 콘텐츠는 더욱 빛날 수 있다.

9

팀 꾸리기

: 내가 찾는 콘텐츠 매니저

"결국 똑똑한 사람을 찾고 있군요?"

1호 팀원을 찾고 있다는 내 이야기에 조퇴계가 웃으며 말했다. 그는 『브로드컬리』라는 공간 연구 잡지를 발행하는 동시에 성수동에 있는 8인 규모의 공유 작업실 '초록집'을 운영 중이다. 나 역시 이곳에서 시간을 보낸 적이 있다. 2023년, 1년의 육아휴직 동안 일주일에 한 번 초록집에 와서 책을 읽거나 글을 쓰며 휴식을 취했다.

그때부터 관찰해 보니 초록집에는 콘텐츠와 연관된 일을 하는 사람들이 종종 모였다. '가재는 게 편'이라는 속담처럼, 아마 운영자가 하는 일의 성격이나 성향 때문일 것이다.

초록집에는 화이트보드가 두 개 있다. 회의실에 하나, 공용 업무 구역에 하나. 공용 업무 구역의 화이트보드는 공지사항 전달 및 방명록 용도다. 퇴계 님은 여기에 초록집 입주자나 단기 방문자(여기선 '체크인'이라 부른다)의 프로필을 상세하게 적어 둔다. 어느 회사나 조직에서 일했는지는 물론이고, 때로는 어느 도시에서 무얼 공부했는지까지 소상히 쓴다. 그래서 나는 이걸 '링크드퇴계'(링크드인+조퇴계)라고 부른다.

헤르츠라는 이름을 내걸고 콘텐츠 제작 에이전시를 본격적으로 운영한 지 반년쯤 됐을 무렵이었다. 기업 고객이 늘어나고 협업하는 프리랜서가 15명을 넘어서면서, 2~3명 정도는 풀타임 팀원으로 채용하는 게 낫겠다는 생각이 들었다. 외주 인건비 비중이 점점 커졌기 때문이다. 머릿속에 필요한 직군도 그려졌다. 최소한 디자이너 한 명, 콘텐츠 매니저 한 명은 있어야 했다.

'그나저나 1호 팀원부터 구해야 하는데.'

2025년 9월 초, 오랜만에 초록집에 들를 일이 생겼다. 그동안 무심코 보던 화이트보드를 유심히 보게 됐다.

Walmart 전략실과 IBM 전략컨설팅 팀, 스타트업 Relate을 거쳐 현재 미국 샌프란시스코에 기반한 AI 스타트업 Ample Market에서 프로덕트 마케터로 활동하고 계신 채

○○ 님의 초록집 체크인을 환영합니다.

예일대학교에서 Film and Media Studies 연구원으로 활동하고 계시는 권△△ 님의 초록집 체크인을 환영합니다.

서울디자인재단을 거쳐 스타트업 전문 미디어 아웃스탠딩과 채널톡에서 일하셨고 현재 프리랜서 에디터로 활동하고 계신 조□□ 님의 초록집 체크인을 환영합니다.

여름방학과 휴가철이라 그런지 유독 해외에서 방문한 분이 많이 보였고, 화이트보드에 멋져 보이는 이력이 두세 줄씩 적혀 있었다. 나도 모르게 지푸라기라도 잡는 심정으로 구인 공고를 적었다.

WANTED

헤르츠(콘텐츠 에이전시, B2B 전문)에서 1호 팀원을 모십니다.

직무/전공 무관 (PM 선호)

문의: @thsgus

이걸 본 퇴계 님이 구체적으로 어떤 사람을 원하느냐고 물었다. 생각이 정리된 상태는 아니라서 두서없이 대략 이렇게 말했다.

"일단 프로젝트를 관리할 수 있는 PM이면 좋겠어요. AE라고 해야 하려나요? 여러 프로젝트가 동시에 돌아가고 있거든요. 복잡한 일을 깔끔하게 처리하면서 일정 관리를 잘하고, 클라이언트와의 커뮤니케이션을 매끄럽게 할 줄 아는 소프트스킬이 있으면 좋겠어요. 이따금 밀어붙여야 할 때는 무조건 '예스'라고 하기보다 설득할 수 있는 강단도 필요하고요.

콘텐츠 매니저로서의 소양, 그중에서도 이 콘텐츠가 왜 필요한지 기본적인 맥락 파악, 그에 근거한 기획, 명확한 글쓰기 능력은 필수 같아요. 다른 에디터, 포토그래퍼와 협업할 일이 많으니 커뮤니케이션 능력도 중요하고요.

무엇보다 AI를 다룰 줄 아는 능력도 정말 중요해졌어요. AI를 활용하면서 전반적인 업무 흐름을 개선해 줄 수 있는 동료를 찾고 있어요."

말하면서 이미 깨닫고 있었다. 이런 사람을 찾는 건 불가능에 가깝다는 걸. 솔직히 나도 이렇게 못한다.

다만 한 가지는 분명해졌다. 당장 필요한 팀원은 스페셜리스트는 아니다. 특정 영역에서 역량을 인정받은 유능한 스페셜리스트는 이미 프리랜서 협업 풀에 있거나 시장에 많다. 게다가 크리에이티브 영역은 AI로 서서히 대체되고 있다. 세상이 변하는 속도가 점점 더 빨라지는 시대에는 유연하게 적응하며 학습할 줄 아는 능력이 더 중요해 보인다. 내가 원하는 1호 콘텐츠 매니저는 제너럴리스트에 가깝다.

물론 제너럴리스트라는 표현에도 함정은 있다. 다른 지인은 이런 지적을 했다.

"제너럴리스트의 가장 큰 단점이 뭐냐면, 자기가 뭔가를 직접 하지 못한다는 거예요. 끝까지 해 본 적이 없거든요. 특히 큰 조직에 있을 경우엔 더 그래요. 뭐 하나를 하더라도 너무 쪼개서 하니 극히 일부분만 하거든요. 어떻게 보면 그 분야만의 제너럴리스트인 거죠."

고개가 끄덕여졌다. 그래서 나는 제너럴리스트 중에서도 '끝까지 해 본 경험'이 있는 사람, 즉 주도성이 있는 사람을 찾으려 했다.

어떤 사람이 좋은 팀원일까. 이는 예전에 내가 회사에 속해 채용 면접에 참여할 때도 따라다녔던 질문이다. 토스에 있을 때는 면접관으로 참여했는데, 토스는 서류 심사부터 깐깐했다. 기억을 더듬어 보면 서류 통과율 자체가 10퍼센트 미만이었다. 애초에 스크리닝을 꼼꼼하게 하여 리소스 낭비를 줄인다는 명분이었는데, 사실 서류로 확인할 수 있는 정보는 학력, 경력, 대표 프로젝트 정도였다. 한정된 정보 속에서 사실상 이름이 알려진 회사 출신을 선호하는 경향도 있었다.

실무자들이 자기 업무를 하면서 면접관으로도 참여했는데, 공통적으로 주목한 부분은 '주도적으로 일한 경험'이 있는지, 그걸 통해 학습하고 느낀 바가 있는지였다. 서류 심사를 통과해 면접 단계까지 온 지원자에게는 그 경험에 관해 구체적으로 묻곤 했다. 면접관 과반수가 적극적으로 찬성해야 다음 단계로 넘어갈 수 있었다.

이는 큰 조직을 나와 작은 에이전시로 독립한 지금도 마찬가지다. 아직 정식으로 채용 공고를 낸 적이 없어 지인 추천의 비중이 높고, 그래서 같이 일해 본 사람들의 평판이 중요하다. 당장 계약해서 일할 사람을 찾을 땐 자기주도성과 소통 능력, 태도를 주로 본다. 주도적으로 일하며 성과를 내 본 경험이 있는 사람이라면, 무엇이든 같이 도전하고 실험해 볼 수 있겠다는 생각이 든다.

지인에게 부탁해 그가 협업했던 프리랜서 명단을 받은 적도 있다. 노션에 에디터/AE/영상 기획/촬영 등으로 분야를 나누고 추천 이유까지 따로 정리한 정성스러운 명단이었다. 추천 이유를 보면 기획, 글쓰기 등 스킬에 관한 내용도 있지만 꼼꼼함, 책임감, 일정 준수 등 태도를 언급한 경우도 많았다. 덕분에 그중 두 분과 각각 다른 프로젝트로 함께 일했다. 추천해 준 지인의 평가는 정확했다.

그렇다고 콘텐츠 매니저에게 태도만 중요하다는 뜻은 아니다. 콘텐츠 매니저에게 구체적으로 필요한 역량을 '기획→섭외→제작→운영'이라는 업무 흐름에 따라 정리해 보면 다음과 같다.

먼저 기획 능력이다. 앞서 '콘텐츠 기획의 시작'에 대해 설명하면서 "콘텐츠 매니저의 의지만 있다면 그 맥락을 충분히 발견해 낼 수 있다"고 했는데, 맥락을 파악한 기획이라면 트렌디한 방향이든 본질을 짚는 방향이든 상관없다. 왜 그런 기획안을 가져왔는지 설득할 수 있으면 된다. 기획 역량에는 소재와 주제를 고르는 안목도 포함된다.

다음은 섭외 능력이다. 인터뷰이를 찾든 함께 작업

할 포토그래퍼나 PD를 찾든, 결국 사람을 볼 줄 알아야 한다. 이력서에 적힌 경력만으로는 알 수 없는 부분, 가령 작업 스타일이나 커뮤니케이션 방식, 책임감 등을 가늠하는 능력이 필요하다.

제작 능력도 중요하다. 자신의 손으로 구체적인 결과물을 만들어 낼 수 있어야 한다. 오프라인 기반 프로젝트라면 현장에 직접 가야만 보이는 것들이 있기에 발품을 팔 의지와 관찰력도 필요하다.

마지막은 운영 능력이다. 운영은 콘텐츠가 발행된 이후의 영역으로, 보고서 작성, 성과 분석, 퍼포먼스 마케터와의 광고 협업까지 포괄한다. 기본적인 광고 지식이 있다면 협업이 한결 수월해진다.

물론 이 모든 역량을 한 사람에게서 찾기는 어렵다. 현재 헤르츠의 프로젝트 구조를 보면, 연간 계약 프로젝트에는 많게는 5~6명이 붙고 소규모 프로젝트는 나를 포함해 2명이 운영하기도 한다. 에디터 또는 콘텐츠 매니저가 PM 역할을 맡고, 디자이너, 마케터, 일러스트레이터, 포토그래퍼, 비디오그래퍼가 붙는 식이다.

일하다 보면 회색지대도 생긴다. 프리랜서와는 업무 범위나 시간 베이스로 협력하다 보니, 애매한 영역이 생기면 주로 내가 처리하게 된다. 혹은 그 영역까지 범위를 확장하며 자체적으로 정산 금액을 높여 가는 프리랜서도 있다. 그래서 역량에 더해 제너럴리스트로서의 태도가 다시금 중요해진다.

헤르츠 차원에서도 일의 영역을 계속 확장하고 있다. 그동안 글이나 롱폼 텍스트 기반의 프로젝트를 수행해 왔다면, 요즘은 영상 콘텐츠 제작도 시도하며 PD를 섭외해 파일럿 테스트를 하고 있다. 영상 콘텐츠 니즈가 높아지기도 했고 패키지로 진행되는 경우도 있기 때문이다. 단가가 낮더라도, 때론 '계획된 적자'를 감수하더라도 배우겠다는 자세로 도전하고 있다.

일의 범위가 넓어질수록 함께 일하는 사람의 역할도 중요해진다. 콘텐츠도 결국 사람이 하는 일이다. 나는 여전히 1호 팀원을 찾고 있다. 그사이 추천받은 몇몇 분과 커피챗을 하면서 어느 정도 윤곽이 잡혔다. 잠깐 반짝이며 일희일비하거나 기복이 큰 사람보다는 하루하루 성실한 사람. 예측 가능한 사람과 일하고 싶다.

마지막으로 바라는 점이라면, 어떤 프로젝트를 하든 그 일을 하는 의미와 이유를 스스로 발견해 낼 줄 아는 사람이면 좋겠다. 그런 내적 동기를 지닌 제너럴리스트를 원한다. 프로젝트나 클라이언트 등 외부 변수가 많은 일인만큼, 내부 환경만큼은 흔들림 없이 뿌리를 내리며 누군가와 오래도록 같이 일하고 싶기 때문이다.

늦게나마 퇴계 님에게 이렇게 답해 본다.

"저 그렇게 똑똑한 사람 찾는 거 아니에요. 그보다는 성실한 사람을 찾고 있어요. 똑똑함은 이제 빠르게 발전하는 AI에 대체되는 시대니까요."

AI가 정보 검색, 초안 작성, 아이데이션 등 '똑똑해 보이는' 일을 빠르게 처리해 주는 시대가 됐다. 그래서 오히려 꾸준히 실행하고, 마감을 지키고, 관계를 유지하는 성실함이 대체 불가능한 역량이 되고 있다. 콘텐츠 매니저에게 가장 필요한 자질을 하나로 특정할 순 없지만, 성실한 제너럴리스트라면 어디서든 환영받을 것이다. 내가 찾는 사람도 그런 사람이다.

10

자리 잡기

: 일의 뿌리를 단단히 하는 일

AE의 뜻이 실은 '아(A)…… 이(E)것도 제가 하나요?'라는 우스개를 접한 적이 있다. AE(Account Executive)는 광고주와 대행사 사이에서 기획부터 결과 보고까지 전 과정을 조율하는 사람이다. 그 과정에서 예상치 못한 일이 생기면 '아, 이것도 내 일이구나'라고 생각하며 해내야 한다.

가끔 강연이나 워크숍에서 현직이 콘텐츠 매니저인 동료들을 만날 기회가 있다. 그들은 이런 고민을 털어놓는다. "제 업무 범위가 어디서부터 어디까지인지 모르겠어요." "회사 내에 콘텐츠 매니저 숫자가 워낙 적은데, 이것까지 제가 하는 게 맞을까요?"

항공사 업무지는 대체로 공항과 기내로 나뉜다. 공항에서 일하는 지상직은 체크인과 게이트에서 탑승 절차를 관리하고, 승무원은 승객이 항공기 문을 통과해 기내로 들어오는 시점부터 기내 안전과 서비스를 책임진다. 탑승 구간은 두 직군의 역할이 맞닿아 협업이 필요한 구간이다. 그럼 콘텐츠 매니저가 하는 일의 경계는 어디서부터 어디까지일까? 여기서 말하는 경계는 '내 일이 어디까지인가'라는 업무 차원의 문제인 동시에 '어디까지 콘텐츠가 필요한가'라는 비즈니스 차원의 문제이기도 하다. 세상의 다양한 일을 역할과 책임이 명확한 직무와 그렇지 않은 직무로 나눈다면, 콘텐츠 매니저의 일은 안타깝게도 후자에 속한다. 항공사 지상직 근무보다는 AE의 일에 가깝다고나 할까.

콘텐츠는 제작에서 끝나지 않고 유통부터 마케팅, 데이터 확인, CS까지 이어진다. 그래서 "여기까지가 제 일입니다. 앞으로 잘 부탁드립니다"라고 말하며 손 떼기 어렵다. 콘텐츠는 어떤 형태로든 재가공되어 퍼질 수 있다. 기술과 트렌드가 빠르게 변하면서 콘텐츠 매니저가 하는 일도 영향을 받는다. 소셜 미디어 기업의 정책이 바뀔 때마다 콘텐츠 전략, 포맷, 유통 방식도 덩달아 흔들린다. 개별 기기에 따라 알고리즘이 개인화되면서 소비 형태도 다변화됐다. 이제는 메가 트렌드 하나로만 설명하기 어렵다.

전업 투자자로 알려진 정채진 프로는 2021년 팟캐

스트 '신과 함께'를 통해 주식 투자자의 마음가짐을 설명하며 '기업, 뉴스, 주가'를 '나무, 태양, 그림자'에 비유했다. 기업은 나무처럼 가만히 그 자리를 유지하며 느리게 성장할 수 있지만, 태양(뉴스)이 어디에 있느냐에 따라 그림자 길이(주가)가 길어지거나 짧아진다. 그는 많은 사람이 기업의 본질인 나무를 보지 않고 그림자만 좇느라 주식 투자에 실패한다고 덧붙였다.

이 비유는 콘텐츠 매니저에게도 어느 정도 적용된다. 콘텐츠를 다루는 나 자신이 나무라면, 태양은 노출을 결정하는 환경에 가깝다. 알고리즘 기준, 광고 예산, 트렌드, 게시 타이밍에 따라 같은 콘텐츠라도 사람들의 반응은 크게 달라진다. 조회수, 댓글 같은 반응은 그림자에 가깝다. 이 그림자가 성과로 보이기 때문에 일하다 보면 나무보다 그림자를 먼저 좇게 된다는 점도 문제다. 게다가 콘텐츠 세계에서는 그림자가 다시 태양을 움직이기도 한다. 초반 반응이 좋으면 더 노출되고, 그렇지 않으면 빠르게 묻힌다. 자칫 태양만 좇는 해바라기처럼 비슷한 결의 콘텐츠가 정답인 것 같은 착각에 빠지기 쉽다.

많은 조직에서 콘텐츠는 브랜딩과 마케팅 사이에

놓인다. 각 기능의 극단에 따라 내가 하는 일은 대외 홍보가 되거나 마케터, 또는 광고 기획자가 될 수도 있다.

헤르츠에서 수행한 일 중 유독 익숙해지지 않고 내내 버거웠던 프로젝트가 하나 있다. 어느 날 이 프로젝트에서 내가 맡은 역할이 콘텐츠 매니저가 아니라 광고 기획에 가깝다는 사실을 깨달았다. 표면적으로는 콘텐츠를 만들고 있었지만 이 모든 행위는 마케팅 이벤트의 가시적 성과와 입점 업체의 매출 증진으로 이어져야 했다. 광고 업계에서 일하는 지인들을 찾아가 조언을 구했다. 내가 무얼 놓치고 있는지 알고 싶었다. 규모가 큰 광고대행사는 어떻게 일하는지도 궁금했다.

국내의 굵직한 광고대행사를 두루 거쳐 온 모 국장은 일단 내게 위로를 건넸다. "지금 (헤르츠) 규모로, 이 정도로 콘텐츠를 제작하는 건 쉽지 않겠어요. 딱 봐도 공수가 엄청 많이 들어가고 퀄리티가 높잖아요. 저희는 회사 규모가 워낙 커서 매체나 기능별로 나뉘어 있어요. 가령 소셜 미디어 운영은 따로 법인 대 법인으로 계약 맺은 곳이 있어서 그곳에서 수행해요. 대대행 구조죠."

차라리 그 국장처럼 제일기획, 이노션과 같은 큰 회사에서 경력을 쌓았다면 도움이 됐을까? (물론 그곳에서 날 받아 줬을진 모르겠지만.) 이런 고민에 대한 다른 부장의 생각은 달랐다. 현재 외국계 기업에서 아시아 태평양 지역의 디지털 마케팅 및 광고 솔루션 세일즈를 맡고 있는 그는 단호하게 말했다. "현 씨가 대형 대행사에 들어가는 건 추천하지 않아요. 물론 스케일이 큰 프로젝트를 경험할 순 있겠죠. 하지만 C레벨이나 임원급이 아닌 이상, 극히 일부 기능만 수행할 가능성이 높아요. 현업에서 깨지고 부딪히더라도 지금 차곡차곡 배우는 게 나을 거예요."

두 사람의 조언은 내 중심을 세우는 데 도움이 됐다. 돌이켜 보면 에디터에서 콘텐츠 매니저로 직무명이 바뀐 이래로 내 업의 포지션, 정체성이 모호해진 건 사실이다. 회사에 속한 에디터로 일하던 시절이 제일 깔끔했다. 그때는 '사명＋에디터'로 나를 소개했고 정해진 월급을 받았으니까.

지금도 메일 서명이나 명함에 '콘텐츠 매니저'라는 명확한 직무명을 적는 건 마찬가지다. 하지만 겨우 첫발을 뗀 에이전시 대표로서 챙겨야 하는 일은 늘었고, 매달 버는 돈은 들쑥날쑥이다. 누군가는 나를 프리랜서 에디터라고 생각한다. 그런데 그게 뭐 중요한가. 내가 하는 일이 어떻게 불리든, 내가 다루는 콘텐츠가 무엇이든 그 본질을 놓치지 않으면 충분하다고 생각한다.

이 버거웠던 프로젝트를 통해 깨달은 바가 있다. 경계가 모호한 일일수록 외부에서 답을 찾기보다 스스로 기준을 세워야 한다는 것. 그래서 콘텐츠 매니저로서 지치지 않고 꾸준히 일하기 위한 내 나름의 원칙을 정리해 봤다.

첫째, 불확실성과 모호함을 받아들여야 한다. 콘텐츠는 기업의 사업 방향, 외부 환경과 전략에 따라 변할 수 있다. 심지어 제작을 마친 콘텐츠가 예기치 못한 변수 때문에 외부로 공개되지 못할 수도 있다. 이런 환경에서 오는 스트레스는 불가피하므로, 너그러이 포용할 줄 아는 자세가 필요하다.

둘째, 다양한 직군과의 협업에 능숙해질 필요가 있다. AI 기술 발전으로 콘텐츠를 처음부터 끝까지 혼자 만들 수 있다고 여기기 쉽지만, 이는 콘텐츠의 극히 일부에 한정된 말이다. 현장에서만 발견할 수 있는 인사이트가 있고 어떤 콘텐츠는 오프라인 현장 운영까지 매끄럽게 연결되어야 완성되기도 한다.

또한 여러 산업군에서 콘텐츠를 필요로 하면서 그

동안 콘텐츠 중심의 출판사, 미디어, 제작사에서 일하던 이들이 플랫폼, 커머스, 유통, 금융, 부동산 등으로 진출하고 있다. 각 산업에는 저마다의 암묵지와 고유한 방식이 있는 만큼, 이를 이해하고 존중해야 매끄러운 협업이 가능하다. 가령 쇼핑몰 중앙정원에 눈이 쌓인 풍경을 촬영하고 싶다고 하자. 콘텐츠 매니저 입장에선 사진작가 섭외가 먼저 떠오르겠지만(이건 중요한 업무다), 실제로는 시설 팀 협조가 필수다. 시설 팀에게는 고객 안전이 최우선이므로 눈이 그치면 바로 제설 작업에 들어가는 게 매뉴얼이기 때문이다.

셋째, 열린 마음으로 피드백을 대하자. 물론 말이 쉽지 실행은 어렵다. 콘텐츠 매니저로 일하다 보면 상처받기 쉬운 순간들이 있다. 정성껏 취재하고 다듬은 아티클의 초고에 다른 동료들의 이런저런 의견이 스티커처럼 덕지덕지 붙었을 때, 그중 일부 의견이 너무 주관적이거나 가치관에 맞지 않을 때 고민에 빠질 수 있다. 동료의 의견을 어디까지 수용할지 고민하기에 앞서, 피드백의 의미와 기준을 되새겨 보는 게 좋다. 전 직장에서 개발자로 일하던 동료에게 이런 고충을 털어놓았더니 명쾌한 답이 돌아왔다.

“내 일의 결과물이 더 나아지도록 도우며 방향까지 제시하면 피드백이고, 그런 대안 없이 그냥 별로라고 하면 비판이나 비난이죠.”

내가 담당한 콘텐츠를 공동 작업물, 제품이라고 생각하자. 제품을 굳이 나와 동일시할 필요는 없다. 궁극적으로 그 제품을 더 나은 방향으로 이끄는 피드백이라면 기꺼이 수용하는 훈련이 필요하다. 좋은 피드백은 관심과 애정에 기반한다.

이 세 가지를 실천하려면 다시 하나의 질문으로 돌아온다. 이 일을 하는 의미와 이유를 스스로 아는가?

그러려면 자신의 한계에 진실해야 한다. 제조 현장에는 '생산능력'capacity이란 말이 있다. 공장을 더 짓거나 설비를 추가하면 생산량을 늘릴 수 있다. 개인의 생산량을 단순히 계산하면 '일하는 시간×노동생산성'이다. 2배 더 오래 일하면 2배 더 생산할 수 있다는 신념으로 주 100시간 넘게 일하는 일론 머스크 같은 사람도 있겠지만, 대부분의 경우 일하는 시간을 무한정 늘리긴 어렵다. AI 기술의 발전으로 생산성은 전보다 훨씬 더 높아졌지만, 그럼에도 내 분수를 아는 건 중요하다.

여기에 하나를 덧붙여 본다. 이 업은 기본적으로

'콘텐츠'를 다룬다는 사실이다. 영단어 content의 어원은 라틴어 contentus로, '함께(com)'와 '붙잡다(tene-re)'가 합쳐져 '안에 담긴 것, 내용물'을 뜻하게 되었다. 또한 content에는 '만족하다'라는 뜻도 있는데, 붙잡고 담아서 욕망이 채워진 상태를 가리키기 때문이다. 콘텐츠를 다루는 사람이라면, 자신이 담고자 하는 알맹이에서 스스로 만족감을 느낄 줄 알아야 한다.

책 초반부에서 콘텐츠 매니저를 '스마트폰을 통해 꾸준히 대화를 건네는 사람' 또는 에어비앤비 체험 호스트처럼 '각기 다른 산업의 풍경을 보여 주는 사람'에 비유했다. 이렇게 하는 이유를 파고들면 결국 이야기하고 연결하고 싶은 다정한 마음이 남는다.

재미난 이야기, 신기한 이야기, 흥미로운 이야기, 감동적인 이야기 또는 시시콜콜한 이야기를 전하는 건 원초적 욕망에 가깝다. 남의 말을 귀담아들을 줄 알고, 타인의 세상에 다정한 호기심을 갖는 것. 그렇게 발견한 이야기가 누군가에게 도움이 되고, 마음을 움직이고, 나아가 기업의 서비스나 제품과 연결되어 지갑까지 열게 한다면, 이는 사업에 도움이 되는 콘텐츠다. 일련의 과정에 원래부터 관심이 있고 적성에 맞는다면, 외부 환경이 아무리 변해도 콘텐츠를 모으고 퍼뜨리는 일을 지속할 수 있다.

2019년에 네임리스 건축을 이끄는 부부 건축가 나은중 소장과 유소래 소장을 인터뷰한 적이 있다. 몇 년 뒤, 아이가 다니는 종로구의 한 유치원에서 두 소장과 우연히 마주쳤다. 반년 넘게 스치듯 눈인사만 나눠 왔는데, 낯이 익어 건축 쪽 일을 하시냐고 여쭤보았다. 내가 직접 인터뷰한 분들이라는 걸 그제야 알았다. 그날 저녁, 반가운 마음에 그때의 인터뷰가 담긴 책을 다시 열었다. 이들은 이미 과거의 나에게 중요한 이야기를 하고 있었다.

Q. 지속 가능하려면 무엇에 신경을 써야 할까요?

나은중: 방법은 하나뿐이죠. 자신이 가진 근본을 단단히 하는 것. 직업에 귀천이 없고, 세상에 없던 직업이 나올 수 있는 시대인만큼 뿌리가 중요해요. 그래서 '근본적'radical이라는 말을 좋아하기도 해요.

유소래: 근본적이라는 말은 라틴어 'radicalis'에서 유래한 '뿌리의'of roots, 또는 '뿌리로부터'from roots라는 어원을 가지고 있어요. 동시에 급진적이란 의미도 있죠. 건축가로 일하면서 눈앞의 문제를 어떻게 해결할 수 있을까 혹은 어떻게

다르게 만들 수 있을까 등을 논의하지만 실은 표면적인 이야기입니다. 눈에 보이는 잎과 열매 아래의 보이지 않는 뿌리, 근본을 바라보려고 노력합니다.[21]

경계는 수시로 움직일 것이다. 나는 트렌드라는 현상만 좇기보다, 내가 무엇에 관심을 갖고 있는지, 내 중심이 무엇인지, 어떻게 하면 콘텐츠가 비즈니스에 도움이 될지 생각하며 내 일의 뿌리를 단단히 하려 한다. 내게 그 뿌리란 '이 콘텐츠가 왜 필요한가'라는 질문을 놓지 않는 것이다. 나무의 뿌리가 단단하면 태양이 어떻게 움직이든 풍성한 열매를 맺을 수 있다.

나오는 말

: 다시 화이트보드 앞에서

깨끗한 화이트보드 앞에서 콘텐츠 매니저의 일을 적는 동안 몇몇 변화가 있었다. 개인적으로는 회사를 떠나 독립했고, 바깥에서는 AI가 빠르게 발전했다. 갑자기 일이 몰아칠 때면 화이트보드 앞을 비웠고, 그새 더 발전한 AI를 보면서 내가 적은 내용이 순식간에 무용지물이 되는 건 아닐지 불안하기도 했다. 화이트보드에서 몇 발짝 뒤로 떨어져 본다. 어딘가는 빼곡한데 듬성듬성 적힌 부분도 보인다. '분명 놓친 내용도 많을 텐데…… 내가 제대로 쓴 게 맞나?' 예전에 편집자로 일하면서 저자에게 그런 걱정은 접어 두고 일단 머릿속에 있는 걸 다 적어 보라고 독려하던 나도 막상 입장이 바뀌니 자기 검열을 하게 된다.

이 책을 쓰는 동안 깨달은 게 있다. 현재 내가 하는 일을 건축 엔지니어 시절의 차장처럼 일필휘지로 설명할 깜냥이 없다는 사실이다. 그러고 보니 어떻게 해야 콘텐츠가 알고리즘을 '타서' '빵 터지거나', 소위 '팔리는 콘텐츠'를 만드는 법도 모른다.

대신 콘텐츠를 어떻게 다루면 좋을지, 그 방법에 대한 확신이 없어도 이 일을 계속할 수 있겠다는 느낌은 든다. 어떻게 계속하냐고? 그냥 하는 거다. 어떤 일을 하든, 자신의 자리를 오래도록 지키며 산업, 시장, 현장에 있는 사람들처럼 말이다. 단단한 나무를 심고 숲을 가꾸듯 이 일을 10년, 20년 넘게 하겠다는 마음가짐이라면 콘텐츠를 발견하고 모으고 퍼뜨리는 일을 꾸준히 할 수 있을 것이다.

언어 영역은 이제 AI가 사람을 능가했다는 말도 들려온다. 심지어 사람이 아닌 기계가 읽고 학습하기 편하도록 콘텐츠를 만들라는 조언도 들었다. 그렇다면 이런 물음이 생긴다. '앞으로도 이 직업이 유효할까?'

그럼에도 나는 콘텐츠 매니저의 미래를 낙관적으로 본다. 물론 직무명과 역할은 계속 바뀔 것이다. AI가 제작 비용을 급격히 낮추면서, 단순히 많이 만드는 사람보다 무엇을 누구에게 어떤 목적으로 내보낼지 결정하는 사람의 가치가 커지리라고 전망한다. 『월스트리트 저널』의 2025년 12월 기사에 따르면, 미국 내 '스토리

텔러'를 찾는 채용 공고는 1년 사이 두 배로 늘었다. 기사에 인용된 PR 회사 CEO는 "AI가 쏟아내는 저질 콘텐츠가 불신을 만들고 있고, 지금 이기는 브랜드는 가장 진정성 있고 인간적인 브랜드"라고 말했다.[22]

알고리즘과 플랫폼 정책도 수시로 변한다. 채널 전략과 각 채널 특성에 맞는 콘텐츠 기획이 중요해지고, 예산이 빠듯할수록 콘텐츠 매니저는 계속 성과를 증명해야 할 것이다. 따라서 도달, 전환, 리텐션 같은 데이터 기반 숫자로 효과를 설명하고 실험하며 개선하는 능력도 필요하다.

반면 AI가 대체하기 어려운 영역도 분명히 있다. 편집, 스타일, 맥락, 팩트와 리스크를 대하는 종합적인 판단, 여러 부서와 협업자 사이를 조율하는 커뮤니케이션은 사람의 몫이다. 따라서 미래의 콘텐츠 매니저는 제작자라기보다, 비즈니스에서 해결하고자 하는 문제와 내러티브, 채널, 고객 행동을 연결하는 전략가에 가까워질 것이다. 이때는 크리에이터와 회사원, 제작자와 전략가의 자아를 골고루 갖춰야 한다. AI의 도움으로 콘텐츠를 처음부터 끝까지 혼자서 다 만들 수 있다고 해도, 결국 조직의 목표에 맞춰야 하는 순간이 많기 때문이다.

AI는 무궁무진한 솔루션을 내놓을 수 있지만 질문이 주어져야 움직인다. 무엇이 문제인지 정의하고 그 해결을 바라는 건 사람뿐이다. 호기심을 갖고 문제를 발견하고 그게 해결되는 상황을 욕망할 줄 아는 사람은 대체되기 어렵다.

2025년 연말을 맞아, 헤르츠를 통해 인연을 맺은 동료들과 저녁을 먹는 자리가 있었다. 공교롭게도 딱 한 명 말고는 모두 프리랜서였다. 인터뷰나 촬영 현장에서 가끔 볼 뿐 주로 원격으로 함께 일하는 이들에게 고마움을 표하고 싶어 A4 한 장에 간단히 편지를 써서 작은 선물과 함께 건넸다. 다음은 편지 내용의 일부다.

_____ 님, 2025년 한 해 동안 헤르츠와 함께해 주셔서 고맙습니다. (……)
헤르츠의 시작은 여러분의 기여뿐 아니라 시대 상황과도 밀접하게 연결되어 있다고 봅니다. 세상에는 무수히 많은 콘텐츠가 있고, 이제는 AI 기술 발전에 힘입어 거의 '공기' 수준으로 우리 주변을 맴돕니다. 한편 나의 마음을 움직이는 것, 내게 와닿는 것, 기타 나의 의사결정에 영향을 미치는 콘텐츠는 여전히 손에 꼽습니다.
기업에도 이런 니즈가 분명히 있습니다. 적합한 콘텐츠를 적합한 고객에게 전달해야 주파수가 맞고, 그래야 잡음 없이 기업/서비스/브랜드의 메시지를 보다 또렷하게 전할 수 있으니까요. 헤르츠가 그 역할을 하면서 장기적으로 가치를 창출하길 바랍니다. (……)

편지에도 썼듯, 콘텐츠는 공기처럼 너무 흔해졌다. 그래서 더더욱 질 좋은 공기, 잠시라도 누군가의 기분을 환기시키고 의사결정에 도움이 되는 좋은 콘텐츠가 필요하다. 그 공기를 만드는 건 사람이다.

얼마 전 브래드 피트가 출연한 영상을 우연히 봤다. 2023년 세자르상 시상식의 한 장면이었는데, 그는 오랜 동료이자 『파이트 클럽』 감독인 데이비드 핀처에게 명예상을 수여하며 이렇게 말했다.

"최근에 읽은 책에서 한 등장인물이 '여정과 목적지 중 어느 것이 더 중요할까요?'라고 묻더군요. 다른 등장인물이 이렇게 대답하죠. '함께 있는 사람들'이라고요. 그 말에 전적으로 동의해요."

이 말은 지금 콘텐츠 매니저로 일하거나 준비하는 사람들, 그리고 언젠가 자신이 만든 것 혹은 자기 자신을 알려야 할 사람들에게도 해당된다. 또한 14년 전 회의실에 앉아 있던 나에게도 건네고 싶은 말이다. 지금 당장, 그리고 가까운 미래에 확신이 없어 끙끙댈 수 있겠지만, 그럼에도 여정과 목적지보다 중요한 게 있다고 말이다.

'함께 있는 사람들'이 있기에 다채로운 콘텐츠가 우리 일상에 가득할 수 있다. 오늘도 각자의 현장에서 고군분투하고 있을 이들에게 조용히 응원을 건넨다.

화이트보드는 다시 깨끗해졌다. 이제 당신의 이야기를 적을 차례다.

1   잭 트라우트·알 리스, 『포지셔닝』(안진환 옮김, 을유문화사, 2021)

2   『매거진 B』 편집부, 『잡스-에디터』(레퍼런스바이비, 2024)

3   https://kimdongjo.com/

4   https://www.airbnb.co.kr/users/profile/1462649892294185789

5   https://marginalrevolution.com/marginalrevolution/2022/02/
     context-is-that-which-is-scarce-2.html

6   https://nabeelqu.substack.com/p/reflections-on-palantir

7   팔란티어 기업에 관한 유튜버 '빅데이터닥터'의 콘텐츠

8   하용호, 『한국 대표 스타트업과 투자자의 끝장토론』(퍼블리, 2016)
     https://publy.co/set/30

9   전길남, 「초기 한국 인터넷 약사(1982-2004)」『The e-Bridge』 제12
     호(2011), pp.10~33
     https://sites.google.com/site/koreainternethistory/publication/
     e-bridge#h.p_ID_36

10   https://www.superbowl-ads.com/cost-of-super-bowl-advertis-
     ing-breakdown-by-year/
     해당 페이지 자료를 바탕으로 본서에서 재작성.

11   『2024 잡지산업 실태조사』(한국언론진흥재단, 2025)

12   스태티스타(2026)에서 제공한 자료를 바탕으로 본서에서 재작성.

13   https://www.digitalinformationworld.com/2024/06/warc-report-
     meta-to-lead-social-media.html
     https://investor.atmeta.com/investor-news/press-release-de-
     tails/2025/Meta-Reports-Fourth-Quarter-and-Full-Year-2024-
     Results/
     https://www.brandbrief.co.kr/news/articleView.html?idx-
     no=8855

14   Federal Reserve에서 제공한 자료를 바탕으로 본서에서 재작성.

15   Article 19, 『How the Internet Really Works』(No Starch Pr, 2020)
      해당 책의 자료를 바탕으로 본서에서 재구성 및 작성.

16   도헌정 외 9인, 『에디터의 기록법』(휴머니스트, 2025)

17   이지윤, 「시터의 솔직한 속마음 인터뷰」『워킹맘이 꼼꼼하게 정리한 시
      터이모님 구하기 A to Z』(스티커, 2023)

18   https://magazine-b.com/about/media-service.html

19   조선영, 『책 파는 법』(유유, 2020)

20   손현, 「토스증권, 개인투자자를 위한 콘텐츠 표준을 만들다」, 토스피드
      2024년 3월 29일자

21   『매거진 B』편집부, 「네임리스 건축」,『잡스-건축가』(레퍼런스바이비,
      2020)

22   https://www.wsj.com/articles/companies-are-desperately-seek-
      ing-storytellers-7b79f54e

경험을 기획하는 일
: 브랜딩에 필요한 콘텐츠를 만든다는 것

2026년 3월 24일   초판 1쇄 발행

지은이
손현

펴낸이	**펴낸곳**	**등록**
조성웅	도서출판 유유	제406-2010-000032호(2010년 4월 2일)

주소
경기도 파주시 돌곶이길 180-38, 2층 (우편번호 10881)

전화	**팩스**	**홈페이지**	**전자우편**
031-946-6869	0303-3444-4645	uupress.co.kr	uupress@gmail.com

페이스북	**트위터**	**인스타그램**
facebook.com	twitter.com	instagram.com
/uupress	/uu_press	/uupress

편집	**디자인**	**조판**	**마케팅**
사공영, 조은	이기준	정은정	전민영

제작	**인쇄**	**제책**	**물류**
제이오	(주)민언프린텍	라정문화사	책과일터

ISBN 979-11-6770-151-0 03320